官僚を国民のために働かせる法

古賀茂明

JN284129

光文社新書

はじめに――私が霞が関を去ったワケ

二〇一一年九月二十六日をもって、三十一年間勤めた経済産業省を退職しました。

ここ数年、私は現役官僚として、国家公務員制度改革は政府が緊急に取り組まなければいけない重要な問題であることを訴え続けてきました。同時に、それを「何のために、どう改革すればいいのか」、さまざまな提言を行っています。

さらに、三月に起きた福島第一原子力発電所の事故を契機として、東京電力の破綻《はたん》処理や発電と送電の分離などを主張してきました。

幸いにも、新聞・雑誌やテレビ、あるいは『日本中枢の崩壊』（講談社）をはじめとする拙著《せっちょ》などに主張の場をいただき、多くの方々の支持を得ることができました。

「辞めないで、がんばってください」

そんな励ましの声もたくさんもらいました。

それだけに、「えっ、辞めちゃうの？」「改革はもうあきらめたの？」「もう少しがんばって欲しかったのに」と、落胆される方もあろうかと思います。

この場を借りて少し、説明させてください。

まず、なぜ辞めたのか。私は一年九カ月もの間、「経済産業省大臣官房付」という、次の職場に移るまでのウェイティング・ポストに〝塩漬け〟にされていました。霞が関にとって都合の悪い国家公務員制度改革をしようとする〝悪者〟、あるいは公然と官僚批判をする〝危険人物〟と見なされたのでしょうか。

私は国民のほうを向き、当たり前のことを言ってきただけですが、それでこのような人事が行われたのだとしたら……。否、それ以外の理由が思いつきません。人事当局からも特に理由を言われたことはありません。

いずれにしても、私はクビにこそならなかったものの、仕事を与えられないまま、ずーっと待っていたのです。上司から「古賀君、君の新しいポストはここだよ」と声がかかるのを。「いつか自分の出番は来るはずだ」と信じてもいました。

けれども、待つのはもうやめにしました。九月二日に野田内閣が発足し、経産省の大臣が鉢呂《はちろ》吉雄氏（元国会対策委員長）に決定した時点で、「この政権では官僚と戦えそうもないな」と思いました。

実際、鉢呂大臣から「古賀君を登用して、国家公務員制度改革を行います」という声は聞こえてきませんでした。マスコミに質問されても、「能力も経験もある人に活躍してもらいたいですね」と意味不明な発言をしていただけでした。大臣としては、私のような〝問題児〟を起用し、就任早々に官僚の事務方と対立するのは怖いのでしょう。

大臣で言えばすでに、直嶋正行氏、大畠章宏氏、海江田万里氏、そして鉢呂氏まで、私を使わないうちに去っていきました。そして五人目の枝野幸男氏が就任して、私はほんの少し期待しました。

「ほんの少し」というのは理由があります。枝野氏は弁護士出身だけあって、官房長官時代に、そのもっともらしい語り口で記者の質問をかわすのが得意でした。しかし、彼の発言を継続的にみてみると、毎回言っていることが変わるし、きわめて不誠実な言い訳ばかりに終始しているという印象しか残りませんでした。

枝野大臣とは、就任以来、一回も話をしませんでした。ご本人には就任直後にメールを送りましたが、返事も直接はいただいていません。

　メールでお伝えしたことは、これまでの経産大臣は私にずっと仕事をくれなかったので、枝野大臣も同様であれば、私は経産省にいても意味がないので辞めるしかないと思っています、ということでした。そして、大臣のお考えを直接確認したい、ということを伝えました。事務方を通すといろいろ誤解もおきるから、直接会う時間がないのであればメールでも結構ですから直接大臣の考え方、返事を聞かせていただきたい、とお願いしました。

　結局、返事はいただけず、事務方から、「大臣はそのまま辞めていいと言ってます」という話がありました。いったんは、「それなら、辞めよう」と決心しました。ところが大臣が記者のぶら下がり取材などで、私の人事は自分が決めたわけではなく、事務方にやらせているという意味のことを言われたので、そのままでは困ると思い直したのです。

　私はもともと幹部官僚に身分保障は必要ないというのが持論ですから、辞めさせられること自体は構いません。しかし、クビにすることが大臣の意志ではなく、事務方が大臣の名前を使ってできるとなったら、官僚主導をますます強めることになる。そんな前例を作るわけにはいかない。そう思ったのです。事務次官が気に入らない部下を大臣の名前を使って勝手にクビにできるのであれば、私のような現役官僚が国家公務員制度改革を主張することなど一切できなくなる。だからこそ、大臣が直接判断する、そこだけは守ってもらわないと困ると考え、大臣自身の考えを直接確認することにこだわったのです。

枝野大臣自身の判断を聞くため、事務方に一旦辞意を撤回することを連絡しました。それを事務方が大臣に伝えたのでしょう、九月二十日の記者会見で、大臣は、「（私と）直接会うつもりはない」「歴代の大臣の判断を引き継ぎ、それを了とする」「手続きは事務方に任せた」と話したのです。つまり大臣の最終判断は、このまま私が辞めてしまうことを前提に、辞める手続きを事務方に任せたということです。これで私には大臣と直接話をする道は閉ざされました。事務方に任せるとおっしゃったので、仕方なく官房長と話をしましたが、事務方の考え方は一貫していました。もちろん「待っていても仕事はない。辞めてくれ」ということでした。

私は公務員という職にしがみつくつもりはありません。ただこの国のために仕事をしたいと考え、いままではその可能性が残されていたので待っていたのです。しかし、これでその可能性が完全になくなりました。絶対に仕事ができないとわかっていて、税金から給料をもらっているわけにはいきません。辞めるならぐずぐずしていても仕方がないので、九月二十二日に辞表を提出したのです。

もちろん、「辞めずに、中から声をあげ続けることが、改革のためになるんだよ」と言う人もいます。とくに外からの声は、「辞めるな」「がんばれ」「応援してるよ」というものばかり。あとは「お体を大切に」というお言葉。阿川佐和子さんだけが「古賀さん、そんなヘビの生殺しみたいなところに長くいたら、体こわしちゃうから、辞めちゃったほうがいいんじゃない？　辞めたって、やることはたくさんありますって」と言ってくれましたが。

そういった温かい励ましは、本当にありがたい。でも、これ以上、三カ月、半年と時間を空費するわけにはいかない、というのが正直な気持ちでした。ポストが欲しいのではなく、改革の仕事がしたいからです。

そう、これが二番目の答え。私は改革をあきらめたわけではありません。

これからの時代、公務員というのは「身分」ではなくなります。だから、私がいったん公務員でなくなったとしても、本気で改革したいと考える政権ができれば、必ず使ってもらえる「時」が来ると確信しています。

そのときを目指して、今後はいわゆる改革派政治家の政策づくりを手伝ったり、私のような立場で政治家のブレーン的な活動をする人たちを結びつけたりしながら、本当に改革が動き出したときにみんなで協力していける体制づくりをしていきたい。

霞が関に絶縁状を叩きつけて「さらば！」と身を引くのではなく、「また会う日まで」と軽く手を振って、ちょっと旅に出る感じでしょうか。つまり、「総理や大臣に官僚とぶつかっても改革派の官僚を使う覚悟がないと、とても大きな改革はできない。だからそういう覚悟のある政権、大臣を待とう」と思っています。

それと並行してもう一つ、「日本を再生するためには、官僚を国民のために働かせるための国家公務員制度改革が待ったなしである」ことを世の中に発信し続けていくのも、私の重要な任務だと考えています。

官僚たちの多くは「国民のために働く」という本分を忘れて、悲しいことに、自らの生活保障のために、省益の拡大ばかりに心を奪われるようになってしまっています。彼らの利権の巣窟《そうくつ》となった霞が関は、「国民のための行政府」たる機能を麻痺《まひ》させています。

一般のみなさんにはそういう実態を知ってもらって、官僚の住む霞が関の「あるべき姿」を見つめ直して欲しいのです。そしてまた、私が提言する国家公務員制度改革の具体策に、耳を傾けてもらいたいのです。

なぜなら、「官僚だけが守られるいまの仕組みを変えて！」という国民の怒りが、国家公務員制度改革を後押しする大きな力になるからです。政治家を動かし、堕落した官僚たちに大いなる反省と奮起を促《うなが》し、国と国民のための行政を実現できるのは、国民の力をおいてほかにはないのです。

だからこそ、より多くの方々に問いかけていきたい。そんな気持ちを込めて、現役官僚を辞して初めてとなる本書は、「中学生にもすらすら読める一冊」としてわかりやすさに重きをおいて、語り下ろしとしました。外からは見えにくくわかりにくい霞が関と官僚の実態を〝ニュースの裏側〟的観点から伝えるとともに、国家公務員制度改革に関する「古賀提言」を展開していきます。

読み終えたとき、一人でも多くのみなさんから、「官僚を変えて、日本を変えよう」という叫びとともに改革の声が上がることを願っています。

目次

構成／千葉潤子

1章　なぜ「国家公務員制度改革」が進まないのか

こんな国に誰がした？

日本はもはや崩壊寸前

とりあえず日々の暮らしに困っていない人でも、「この国はどうなっちゃうんだろう？」という大きな不安を感じていることと思います。

バブル崩壊以降、不況の出口はいっこうに見えてきません。周りを見渡すと、リストラで会社をクビになったり、派遣切りされたりして失業した人たちや、会社が潰れて就職先がなくて困っている若者たちが、そう低くはない確率でいるのではないでしょうか。いや、あなた自身がそうかもしれません。

日々のニュースを見ていても、「円高の打撃をもろに受けて、輸出企業の経営が危うくなっている」とか、「不況の煽《あお》りで中小企業がバタバタ倒産している」「高齢化社会の進行で介護難民、買い物難民が増えている」「保育園・保育所に入れない待機児童があふれている」など、気の重くなるものばかりです。

そこへきて、東日本大震災。巨大津波が三陸から福島、茨城、千葉に至る太平洋沿岸地域を呑みこみ、壊滅的打撃を与えました。加えて、東京電力福島第一原子力発電所で日本中が、いや、世界が震え上がるほどの事故が起き、その危機的状況は半年以上経ったいまも続いています。

それにより、日本の没落は加速度的に進み、崩壊へのカウントダウンが始まることが目に見えています。

財政は火の車？

「でも、日本は何だかんだ言って、まだまだお金持ちじゃあないか。あんまり外国に借金せずにすんでるみたいだし、貯蓄好きな人が多いし」

まさか、そんな呑気《のんき》なことを思っていないですよね？

たしかに、いまのところ懐《ふところ》に余裕はありそうですが、国と地方を合わせた借金総額は一千兆円をついに突破しました。国民一人当たりが七百八十万円もの借金を背負わされている計算になります。貯蓄率だって、高齢者の増加にともない、今後は下がっていくことが予測されています。

しかも、税収は二十年ほど前に比べて、二十兆円マイナスの四十兆円。震災の復興・復旧に多額の費用がかかることなどを考えると、借金は膨《ふく》れ上がる一方です。

「どうしたって、国民の貯蓄を食い潰《つぶ》さなければ立ち行かないのが、日本のいまの財政状況だ。『火の車』なんて、なまやさしいものではない」と財務省は言います。

このところ、政府が復興支援を楯にとって、「復興増税」を盛んに言うようになったのも、お金がないから。「増税しかない。増税すれば何とかなる」と本気で思っているようです。でも、そんなのは政策ではなく、その場しのぎの浅知恵でしかありません。

我慢強くて善良な日本国民はつい、「増税もしょうがないよね」という気分になりがちですが、ちょっと待った!


日本の財政は破綻寸前なのか?

しかし、実は、ここに一つ重要なことが見落とされています。それは、一千兆円の借金がある一方で、実は、六百五十兆円の国民資産があるということです。「そんなこと知らなかった」という人が多いでしょう。なぜなら、そんなことを言ってしまうと、「なんだあ、それじゃ差し引き三百五十兆円しか借金はないんだ」ということになり、財務省が狙っている増税ができなくなるので、なるべくそういうようなことは言わないようにしているから。国民の大多数はそんなことに気づかなかったのです。

このあたりのカラクリは、元財務官僚で経済学者の高橋洋一氏などが以前から指摘していることです。ここでは、この話はくわしくできませんが、一千兆円の借金で大変だから早く増税しようというのは、実は、六百五十兆円の資産を国民の目の届かないところで、自分たちの利益のために使ってしまいたいという官僚たちや、彼らと結びついた政治家たち（これを族議員といいます）に都合のよい理屈だということだけ指摘しておきます。

借金でギリシャになるのではない、成長できないからギリシャになるのだ

財務省は一千兆円も借金があるから早く増税しようと言います。そうしないとギリ

シャになるぞ、と脅します。しかし、いま述べた通り、六百五十兆円の資産があるので、少し割り引いて考えたほうがいいのです。

でも、だからといって、いまのままで安泰かというと、もちろんそんなことはありません。実はもっと別の意味で、日本は危機的状況にあるのです。

それは、借金を返すための稼ぐ力がどんどん落ちているということです。

まず第一に、日本経済は毎年規模が小さくなっています。いわゆるデフレと言って、モノやサービスの値段がずっと下がり続けているのです。モノの値段が下がると、同じモノが生産され取引されても、消費税の税収は下がります。法人税や所得税の税収も下がります。だから、何もしないでいると、毎年どんどん収入が減っていくのです。

さらに日本では、成長できるはずの分野での改革が遅れていて、新しい産業や企業が自由に活動できません。だから、新しい産業や企業の活動が増えず、逆に規制でがんじがらめになっていたり法人税が高かったりするため、企業がどんどん外に出て行ってしまうので、当然経済は成長できず、税収もどんどん減っていくのです。

国家として稼ぐ力、つまり税金による収入を増やす力がなくなっているのです。

さらに、お金が足りないときにやるべき、ムダ減らしもほとんど手付かずの状態です。

そんな状況のまま、財務省は増税しようとしているのですが、これこそギリシャがたどった道なのです。

ギリシャはムダな支出を削ることもなく、公務員のリストラもしないで、お金が足りなくなると消費税率を上げてきました。しかも、企業が自由に活動して稼げるようにする規制改革もしませんでした。その結果、消費税率を二十パーセントまで上げても、全然足りなくなって、国家として破産寸前の状態に陥りました。いまギリシャは公務員のリストラなどいろいろな手を打っていますが、実はそれだけでは、もうとても追いつきません。

そして、ギリシャにとって最大の問題は、借金を返すための稼ぐ力がないことがはっきりしてしまったので、もう誰もお金を貸してくれないということなのです。

どこか日本に似ていませんか？

だから、デフレから抜けだして稼ぐ力をつけるように改革をして、併せてムダをなくし、いままで隠れていた国民の資産がムダ遣いで消えてしまう前に国民に取り戻さなければ、日本は増税だけ続けて、ついに破産するという、ギリシャがたどった道を進むことが確実なのです。

私たち国民は一生懸命働いてきました。税金だって、言われる通りに払ってきました。日本には世界有数の企業がいくつもありました。

それなのに、なぜいま日本はこんなに貧しく、しかも将来の見通しの立たないお先真っ暗な国になってしまったのでしょうか。

霞が関の改革なくして危機を乗り切ることはできない

答えを言いましょう。日本を凋落《ちょうらく》へと導いたのは政府、もっと言えば官僚です。もちろん、政治家にも責任はありますが、国が繁栄し、国民が幸せになるための政策を考えて政治家に進言し、実行するのは官僚たちなのです。

逆に言えば、日本のいまの危機的状況は、いかに官僚たちがちゃんと働いてこなかったか、国民や民間企業のために汗を流してこなかったかの証明でもあるわけです。

ようするに「無策」――。

国家公務員制度改革と聞くと、誰もが「やれ、やれ！」と応援します。ただ、その理由は大方、

「官僚の連中がみんな、いい暮らしをしているのはけしからん！　税金のムダだ！」

というもの。時の政権ですら、その辺の国民感情を利用して、人気取りのためだけに官僚バッシングに走っているきらいがあります。

そんなふうでは、いつまで経っても、国家公務員制度改革の「本質」にたどりつけません。大事なのは、「改革がどうして日本の危機を救うのか」、そこをよく理解すること。私が改革の必要性を訴えるのも、日本は霞が関の改革なくして危機を乗り越えることはできないと考えるからです。

日本には長いこと、「お上に任せておけば大丈夫」というような風潮があって、官僚たちはその〝根拠なき信頼〟のうえに胡坐《あぐら》をかいてきました。国民のために働くことをサボっていたんですね。たとえて言うなら、「叱る大人がいなくて、悪さばかりする子ども」みたいなものです。

それで官僚たちは、たとえば特定の企業に便宜《べんぎ》を図るとか、数々の規制によって企業の成長の芽を摘《つ》むといった政策を続けて、その利益が合法的に自分たちのところに転がりこむようなことだけに一生懸命になりました。言い換えれば、自分たちの「身分」と将来の安泰を図り、強化するためのシステムをつくりあげてきたのです。

それでも日本が繁栄できたのは、どんなに理不尽でも、お上のやり方を黙って受け入れ、努力とムリを重ねてがんばり続けた国民と民間企業のおかげです。

しかし、もう黙っていてはいけない。現状、無策の霞が関を、「日本を危機から脱出させて、再生に向けて大転換させていくための政策を出せる」集団に変革しなければなりません。

その根っことなるものが「国家公務員制度改革」なのです。

改革派官僚は干される、飛ばされる

霞が関の異端児と呼ばれて

私はよくマスコミで「改革派官僚」などと呼ばれます。霞が関では「異端児」とも言われます。時には「過激派」とさえ呼ばれます。しかし、よく考えてみるとわざわざ「改革派」という言葉がつくことすら、本当はおかしいのです。

だって、私は官僚として当たり前のことを当たり前にやってきただけ。異端児はもちろん、特別な改革派として扱われる覚えはないからです。

「日本経済のためになる、国にとって利益になる、そう自分が信じることをする」

この行動基準に従って、私は二十のポストを経験するなかで、様々な抵抗勢力と戦いながら、数々の規制緩和や法改正、所管団体の取り潰しなどに取り組んできました。

それを「持ちつ持たれつ、うまくやっている（これを『癒着《ゆちやく》』という）企業・業界を敵に回すことになる」とか、「仕事が面倒になるだけだ」といった理由で、「ふつうはやらないでしょ」とストップをかけるのが霞が関の常識です。だから、私は霞が関の異端児だというわけです。

それでも私は、幸運にも干されることもなく、むしろ周囲から見れば順調に昇進して行きました。出世を望んでいたわけではないけれど、ある時期までは経産省にも「省益を考えるなら、ふつうはやらない仕事」を許すだけの度量はあったのでしょう。上司にも恵まれていたと思います。

しかし、多くの場合、例えば「核燃料サイクル推進」という経産省の省益にとって極めて重要な政策に、強く反対意見を述べた若手官僚たちが、退職・左遷の憂き目に遭ったように、省益に反する改革を行おうとする者は、霞が関的には「許しがたい異端」と見なされるのです。

私はこうして「干され」た

七、八年前頃からだと思いますが、比較的自由だった経産省も、守旧派が主流になっていきました。守旧派というのは、改革を望まない人たち。もっと言うなら、従来の利権を守り、その延長線上で利権をさらに太らせていくことに腐心する人たちです。

当然、私に対する評価も変わってきます。それが今回の〃塩漬け人事〃につながっていくのですが、直近三年の経緯だけざっとお話ししておきましょう。

そもそもの発端は、私が自民党・福田政権下の二〇〇八年七月に国家公務員制度改革推進本部（国家公務員制度を変えるために内閣に作られた大臣が全員集まる組織）の事務局（本部の仕事を事実上取り仕切るための官僚の組織）の審議官（役所の事務方のトップが次官、その下のランクが局長、そのもう一つ下のランクが部長とか審議官と呼ばれるポスト）に就任したことです。私の起用自体、「急進的過ぎる」とかなり反対されたようですが、渡辺喜美行革担当大臣（当時）が押し切ってくれました。

ところが、守旧派官僚と戦う私の後ろ楯《だて》となってくれるはずの渡辺大臣は、その直後に退任。私は孤立状態のなか、事務局内の数少ない改革派の仲間たちと議論を始めました。

「公務員改革事務局なのに、改革に否定的なの？」と驚かれるかもしれませんが、そうなのです。事務局内の抵抗は大きく、やがて「古賀は一部の官僚に特権を与える仕組みを画策している」なんて誹謗《ひぼう》中傷までされる始末です。やりにくいことに、自民党でも改革に熱心な政治家は少数派でした。

幾多の困難がありましたが、二〇〇九年三月に国家公務員法改正案を国会に提出することができました。これは、いまは各省ごとにバラバラに行われている役所の組織の新設や変更と人事とを内閣で統一的に管理する「内閣人事局」や、総理が官僚と戦うための国家戦略スタッフの創設を柱とする画期的なものでした。しかし、残念ながら八月の総選挙を前に、廃案になってしまいました。

それでも、私たちは決して落胆しませんでした。というのも、国家公務員制度改革に熱心な民主党が政権を取ったからです。実際、仙谷由人《せんごくよしと》公務員制度改革担当大臣から補佐官になって欲しいという打診を受けました。補佐官というのは、大臣に直接、政策に関する助言や提案をする役回りです。仙谷氏は鳩山内閣発足後に行政刷新担当大臣に就任して、公務員改革の旗振り役でしたから、私を使おうと考えたのでしょう。

結局は、急進的な霞が関改革を行おうとする私に危機感を抱いた財務省の〝メガトン級の抵抗〟に遭ったらしく、話は立ち消えになりました。補佐官就任どころか、私は他の事務局幹部全員とともに更迭（要するにクビということ）されて古巣の経産省に戻されてしまったのです。これが、二〇〇九年十二月のことです。

個室と秘書と車はあるが、仕事がない

「古賀さん、大臣官房付になったっていうと、官邸にいるんですか？」

更迭されて以降、いろんな人にこう聞かれました。

どうもみなさん、官房長官とか内閣官房とか大臣官房とか、頭のなかでごちゃごちゃになってしまうようです。官邸には内閣全体の政策の総合調整などを行う内閣官房があって、そのトップが大臣である官房長官なので、「官房」という言葉から官邸を連想するのかもしれません。

それは全然、違います。大臣官房というのは、各省のなかに必ずある大臣直属の組織です。トップの官房長はふつうの公務員で、その組織には企業で言うなら経理部とか総務部、企画部などが入っています。

私の肩書きは「大臣官房付」ですが、大臣官房の仕事をしていたわけではありませ

ん。次のポストに移るまで、事務手続き上、ここに籍があっただけです。簡単に言えばまぁ、役所における住民票みたいなものです。

それ自体は何も特別なことではありません。たとえば、海外勤務から帰って来た人がいて、次のポストに着任するとき、たまたま何かの事情で前任者の仕事が終わっていないとします。それで「しょうがない、ちょっと待っててね」と、大臣官房付になる。そんなことは、よくあります。あとは、何か不祥事を起こして懲戒処分を受けた人とかもいます。

また、私の場合は「仕事を干された」という事情があるので、机以外何もない狭くて暗い地下室のようなところに閉じ込められているイメージを持つ方も多いようです。それも大きな誤解です。

私は一応、幹部クラスなので、けっこう広い個室がもらえました。机と四人がけの応接セットみたいなのと、ロッカーとテレビと扇風機が〝完備〟されていました。あと、何人かで共用の秘書もつけてもらえるし、車も自由に使っていいことになっていました。本来の仕事をしているわけではないので、車は使いませんでしたけど。

当初は、経産省も変に差別的な待遇をすると逆に自分たちが批判されると思ったのでしょう。そういう扱いは、一年半の間継続しました。

もっとも、今年の二〇一一年夏に大異動があったとき、引っ越しさせられた個室にはテレビと扇風機がなくて、秘書もいなくなりましたね。小さなイジメかもしれません。

それはさておき、私が大臣官房付になったのは予算編成真っ只中の十二月で、そんなときに人事異動があるはずもなく、そこで待つことに何ら疑問を持ちませんでした。

次官に会ったときに、「いやぁ、大臣官房付って初めてなったんですけど、仕事をしなくていいなら、このままずっと官房付でもいいですよ」なんて軽口を叩いたくらい。次官のほうも、「そんなわけにはいかんだろ。正月明けには働いてもらうからな」みたいなことを言っていましたっけ。

「ひょうたんから駒」ならぬ「冗談から駒」と言いますか、大臣官房付のまま一年九カ月。まさか、こんなに長く「個室と秘書と車はあるが仕事がない」という状態が続くとは想像もしていませんでした。

〝塩漬け人事〟のなかで

仕事がないとはいえ、〝大臣官房付時代〟はいろんなことがありました。ふだんは個室のオフィスで、自分の興味のおもむくままに本を読んだり、論文を書いたり、人と会ったり、プレスの取材を受けたり。出かけて行くことも多かったですね。念のために言い添えておくと、テレビやラジオに出演するときは勤務時間外にしたり、休暇を取ったりして対応していました。

ただ、二〇一〇年三月ごろに「非常勤の上席研究員として、独立行政法人の経済産業研究所に行ってくれ」と言われました。さすがに「何も仕事を与えないのも外聞が悪い」と考えたのでしょう。わざわざ外向けに発表までされました。官僚が「土曜日とかに大学の非常勤講師をやる」というような〝無償のアルバイト〟的な仕事なのに。

しかも、行ってみると、仕事などありゃしない。「たまに所長と食事でもして……」とか言われて、行くのはやめにしました。それでも何もしないのも悪いから、ここの肩書きで「エコノミスト」（六月二十九日号）に論文を発表しようとしたんです。すると、そこの理事長からストップがかかりました。

どうしてだと思いますか？

その論文中で、ざっくり言えば、「霞が関は幹部になれない人のために、窓際の専門スタッフ職をつくろうと画策している。また、天下りの代わりに関連の独立行政法人に現役のまま出向させる道を拡大しようとしている。とんでもないことだ」というような主張をしたからです。

専門スタッフ職というのは、部長、課長、課長補佐というような組織の意思決定のラインから離れて政策に関する調査などを行って、ラインをサポートする仕事です。いまは、そのスタッフ職のなかで一番高い人でも課長級の給料で、部長級や局長級の給料はもらえません。同期が部長級に昇進しても、ポストの数が足りないため、仕方なく課長級の専門スタッフ職にしかなれない人がいます。

そういう人たちは、多くの場合、役所が持っている独立行政法人などの研究員などを兼職して、部長級と課長級の給料の差額分をその法人からもらうことによって同期と同じ所得が保障される仕組みになっています。

なんともせこいやり方ですね。役人たちもやはりそのことに後ろめたい思いがあるので、そういう人たちのために幹部クラスと同じ給料の専門スタッフ職をつくろうと考えたのです。そのときにわかったのは、実は経済産業研究所にも経産省の課長級の専門スタッフ職でありながら、研究員として兼職している人が何人かいたということです。さらに、天下りの前のポストとして現役のまま出向している人もいました。

だから、私の論文は〃身内〃の気持ちを逆撫《さかな》でするというわけです。さらに、理事長は言いました。「僕も天下りだしね」と、暗に天下り批判は困るということを言うのです。本当に情けなくて、怒る気にもなれませんでしたね。

結局、その論文は「大臣官房付」の肩書きで出したのですが、もう一本の論文(「週刊東洋経済」十月二日号)とともに大変な反響を呼び、霞が関全体を敵に回すかっこうになりました。「もう辞めてくれ」と非公式に退職勧奨《かんしょう》を受けたのは、最初の論文を出した直後のことです。

それで、内々にではありますが、一度は十月で辞めることに決まりました。そして、「それまでは余計な論文を書いたり、メディアと接触したりするなよ」とばかりに、松永和夫事務次官（当時）に二週間の地方出張（北海道、東北、四国、九州）を命じられました。目的は「地方の中小企業の実態調査」です。これを言われたのが二本目の論文を出した直後。本当にわかりやすいですよね。

少し前に各地域の経済産業局が同じような調査をしていたので、「おかしいなぁ」という感じでしたが、いまとなれば見聞を広めることができて、実り多き出張でした。

仙谷長官のえげつない〝恫喝《どうかつ》〟

ところが、途中で東京に呼び戻されました。政府参考人として、国会に出ることになったのです。これが、おそらくみなさんもご存じの、仙谷官房長官（当時）による恫喝の一幕へとつながっていくわけです。

十月十五日、私がみんなの党の小野次郎参議院議員から「天下り根絶というスローガンが骨抜きになっている。これをどう考えるか」という質問を受けて個人的見解を述べました。その後に、何も質問されていない仙谷長官が、こう言ったのです。

「小野さんが、現時点の古賀さんの職務、古賀さんが行っている行政と関係のないこういう場に、彼を呼び出すということは、はなはだ彼の将来を傷つけると思います。優秀な人であるだけに、大変残念に思います」

その瞬間、背筋が寒くなりましたね。

表面的には小野議員を責めていますが、その言葉の裏で私に対して「政権の政策を批判していると、将来はないよ」と脅していると思ったからです。わかりにくい言い回しかもしれません。でも、議場ではすぐに「恫喝だ！」などと怒号が飛び交いました。

仙谷長官本人はその後の会見で「恫喝などしていない。本当に心配している」と答えています。仙谷氏は弁護士出身なので、言葉巧みに記者の質問をかわすのはうまいのですが、この時は小ずるい言い逃れも通用せず、世論の強い批判を浴び、後に謝罪させられることになりました。

そんなこんなで、私の退職は立ち消えになりました。あまり報道はされていませんが、このときの国会ではまた、小野議員が私の出張の実態を指して、「大人の世界の陰湿なイジメじゃないか」なんて指摘する一幕もあったんです。それで、答弁に立っ

た大畠経産大臣が、

「大臣として、このような形で良いとは思っていませんので、実態を受け止めて、ご本人の経験や能力が発揮できるような形で『対処』してまいりたい」

と言ってしまうということがありました。実は経産省にとってはこちらのほうが「大事件」でした。この大臣の発言により、事務方の一存で私を退職させるわけにはいかなくなってしまった、ということです。ただ、大畠大臣の発言も民主党の政治家に共通したその場しのぎの人気取り発言でした。結局、口先だけで、彼が言った「対処」は実現しなかったのです。

少々長くなりましたが、以上が〝塩漬け人事〟の最中に起こったおもな出来事です。以上の話を読んでいただければ、民主党政権が当初は政治主導と公務員改革を掲げながら、あえなく財務省に依存する方向に舵《かじ》を切って行ったこと、そしてその過程でなぜ私が一年九カ月もの間、大臣官房付のまま塩漬けとされたのか、その事情の一端がおわかりいただけたと思います。

人事に改革のメスを

人事権者はいったい何をしているのか

その昔、官僚たちは「お役人さん」と呼ばれ、国民から多少は尊敬されていました。いまはもう、その信頼もすっかり地に墜《お》ちた感があります。

たとえば、いわゆるキャリア官僚の不祥事だけではなく、公務員がつくっている組合のヤミ協定・ヤミ専従・ヤミ兼業とか、官製談合の問題などなど、信頼が失墜しても仕方がないと思えるような事例は、枚挙にいとまがないくらいです。

典型的なのは、「消えた年金問題」でしょう。そのずさんな業務の実態は、官僚である私ですら、かなりの衝撃でした。国民の納めた年金が、転職やら転居やらでバラバラになっちゃった。名前の写し間違いで別人として記録されちゃった。そんなケースが大量に出るなど、ふつうに仕事をしていればありえないことです。

しかも、この間に年金を担当した歴代幹部はみんな、栄転していったというのですから、国民は「あきれてものが言えない」というところでしょう。

なぜ、こういうことが起こるのか。たぶん、幹部以下現場の公務員まで、誰もが「まずいことになりそうだ」と薄々気づいていたはずです。でも、勇気をもって現状の不備を指摘し、「ちゃんと現状を把握しなくては」「間違いが起こらないようなシステムにしなくては」と動き出す人がいなかった。いや、いたかもしれないけれど、上から暗に「見て見ぬふりをしろよ」というサインが出た、とも考えられます。

いずれにせよ、官僚にはミスを認める潔《いさぎよ》さも、人任せにしない責任感も、問題を解決する能力も、すべてが欠けていた。何より、年金を頼みにしている国民のことを考える優しさがなかった、ということです。

年金問題に限らず、近年取り沙汰される公務員の問題を見ていると、個人ではなく組織の問題だとしか考えられません。個人が賄賂をもらった、という単発的な事例のほうが、まだ救いがあると思えるくらいです。

そうなると、こう考えませんか？

「公務員がちゃんと働かなくなってしまうのはどうしてだろう。何か仕組みがおかしいんじゃないの？　そもそも人事権者はいったい何をしてるの？」

人事権者がしっかりした人事管理をやっていれば、公務員がこうもだらしなくなることはないだろう、そう考えるのは当然です。


人事権は大臣にあるが……

では、各省庁で働く公務員の人事権は、誰にあるのか。法律上は、「各省の大臣にある」とされています。


ならば、大臣が自分の部下である公務員に対して、こう指示しなくてはいけません。

「ちゃんと国民のために働きなさい」

「ムダなことはやめなさい」

「違法なことはしちゃいけませんよ」

その指揮に従って、結果を出した者を抜擢《ばってき》し、そうでない者は出世させない。悪いことをした者は厳しく罰する。そういう人事管理をすれば、ほとんどの公務員はちゃんと国民のために働くはずです。論理的にはそうですよね？

ところが、それは形のうえだけのこと。実際には、官僚のトップである事務次官が中心になって、自分たちの都合のいいように人事を行っています。後で詳しく説明しますが、一言で言えば、官僚たちは、どんな政策をつくるときでも、それと並行して、特定の企業・業界・団体そして政治家と結託して利権を確保し、自分たちが将来にわたって豊かに生活していけるようなシステムをつくり上げることを必ず行っているのです。

だから、自分たちの集団が一番トクするように、つまり省益のために仕事をした人が評価されて、出世していきます。そうやって上になった人たちがまた、省益の視点から部下を評価するので、結果的に組織からどんどん「国民のために」という視点が抜け落ちていってしまうわけです。

私が取り組む国家公務員制度改革は、まさにこの「人事」の仕組みにメスを入れるものです。

次官人事はこうして決まる

ここで、「官僚に人事権を横取りされて、大臣はどうして黙っているのだろう?」という疑問がわいてきませんか?

結論を先に言えば、多くの場合、次官がいいように大臣を丸め込んで、大臣が自分で人事を決めたと錯覚するように仕向けているのです。

たとえば、こんな感じ——。

次官が「組織に従順な佐藤局長を自分の後任にしよう。鈴木局長は正義漢面《づら》して気に食わないから、絶対に出世させない」と決めたとします。次官は毎日のように大臣に会いますから、折にふれてさり気なく耳に入れておくんです。

「大臣、こないだ佐藤君が一生懸命やってくれましてね」

とか何とか。しょっちゅう聞かされていたら、大臣だってだんだん佐藤局長が優秀に思えてきますね。

でも、もしかしたら大臣は「鈴木君って、いいんじゃないの?」と言うかもしれません。すると、次官はしばらく時間を置いてから、こう耳打ちします。

「大臣、こないだ、鈴木君がいいっておっしゃってましたよね。だから、私も彼にこの仕事をさせてみたんです。……ダメですな」

大臣が首を傾《かし》げて、「そうなの？　彼、元気いいし、頭が切れるし、いつも一生懸命やってくれているようだけど」などと言うと、すかさず「いやいや、それが……」と畳み掛けていく。そんな話をしょっちゅう聞かされていると、大臣は「鈴木ってのは外面《そとづら》ばかり良くて、信用できんな。言われてみれば、笑い方が気持ち悪い」とか思っちゃいます。

それだけ布石を打っておいて、人事の時期になったら、大臣を立てながら佐藤局長を後任に推すわけです。「もちろん、大臣がお決めになることですが、いままで大臣のご感触をうかがってきて、佐藤君を登用されたいのではと思いまして」というふうに。

このときにはもう、大臣は自分で決めた気になって、最後は「うん、佐藤君にしよう」「よろしいですか？　では、大臣のおっしゃる通りに」となります。

この次官人事には、さらに官邸の承認が必要なので、総理と官房長官に説明しなければなりません。万一、官邸から「鈴木君、辞めちゃうの?」といった話が出ても、まずくつがえることはありません。

「鈴木君もなかなか優秀で、甲乙つけ難いんですけど、実は……で、佐藤君にしました。鈴木君にはこういうこともありましてねぇ、云々《うんぬん》かんぬん」

そう聞けば、総理や官房長官も「大臣が決めたのなら、いいかな」となります。

以上、かなり単純化して、わかりやすいストーリーに仕立てましたが、幹部の人事が決まるプロセスはだいたいこんなものです。もちろん、一般の職員の場合は、大臣もよくわからないので、次官に一任されます。こうして、霞が関の人事はすべて、次官の思うままに決められていくのです。

それじゃあ、大臣はいつも事務方の言いなりなの? 時々、大臣が事務方の人事をひっくり返した、というようなことを聞いたことがあるけど、と言う方もいるかもしれません。もちろん、そういうこともありますが、そういう場合、事務方は、大臣に対して反抗的になったり、面従腹背《めんじゅうふくはい》でサボタージュするというようなことが起きます。だから、ほとんどの大臣はそれが怖くて次官が決めた人事に反対することはないのです。

海江田大臣との初の面談

私は実際に今年、二〇一一年の六月二十四日に松永和夫次官から「七月一五日に辞めてくれ」と正式に退職勧奨を受けたとき、海江田経済産業大臣（当時）にじかに聞いてみたいと思いました。「退職勧奨は大臣の人事なのか否か」を。

というのも、国会の質疑で大臣は「自分も了解したうえで、次官がやったことだ」と言ってましたが、一度も会ったことのない私をいきなりクビにするという判断ができるはずはないと思ったからです。当然、事務方の言いなりになっただろうことは、容易に推測できます。

海江田大臣との面談は七月二十八日に行われました。私は単刀直入に尋ねました。

「ようするに、私をクビにしたいのですか」と。

すると、海江田大臣は「クビなんて言ってないよ。どうして君は、そんなに強い言葉を使うの？　辞める、辞めないは君の自由なんだから」と言いました。

私にしてみれば、「なら、仕事をくれればいいだけですよ」という感じ。そこまで強い言い方はしませんが、海江田大臣には「辞めたくはない。でも、官房付のままでいたいわけでもない。仕事をするか、しないかの問題なんです」というお話をさせていただきました。さらに、「どういう仕事がしたいの?」ということになって、こう言いました。

「たとえば、電力改革だってやりたいし、経産省のムダをなくせというなら二割でも三割でも予算をカットします。経産省でなくても、内閣に行って公務員改革をやるとか、そういう仕事でもいいです。それ以外でも、何でもやります」

海江田大臣は「そうか」と言ったまま黙ってしまったので、さらに言いました。

「これはすごく単純な話なんです。仕事を与えるから待てと言われれば待ちます。でも、私に絶対に仕事をさせたくないのなら、辞めるしかないですよね」

ここでまた「どうして君はそういう強い口調で言うの?」となって、「今日は初めて会ったばかりだ。話し合えばわかり合える。これからも何回も話せばいい」。最後は、「あ、もう時間がない。また会おう」で終わってしまいました。海江田大臣とはそれっきりです。

その後、海江田大臣は国会答弁中に泣いて「菅総理からいじめられている」と人気が出ました。その〝プラス効果〟を、自分が改革派官僚をいじめるようなことをして、帳消しにしたくなかったのでしょう。ひとえに民主党代表選のために……。一方で、人気取りになるとは言っても私を登用して、経産省の官僚あるいは電力業界を敵に回すのが怖かったこともあったでしょう。だから海江田大臣の態度はあいまいのままだったのです。

どうですか、大臣に官僚の人事権があるとは、とても思えませんよね？

経産省三幹部〝更迭人事〟の茶番

そんな海江田大臣ですが、例の経産省三幹部（当時。松永和夫事務次官、細野哲弘資源エネルギー庁長官、寺坂信昭原子力安全・保安院長）の更迭人事に際しては会見で、「人事権は私にある」と大見得《おおみえ》を切っていました。「更迭」とは言いませんでしたが。

大臣に人事権があるのはその通りですが、後任人事を見ると、単なる順送り。新しく次官になった安達健佑氏は、次官になる人が就く指定席ポストの経済産業政策局長からの昇進。電力担当の部長も経験していて、電力業界とのつながりも深い人です。つまり、経産省が従来の「原発依存路線」を堅持することをあからさまに表明した人事と言っていいでしょう。官僚の言いなりになったのは明らかです。おそらく、政治主導で別の誰かを抜擢したら、次官ばかりか経産省の官僚全部を敵に回すことを恐れたのでしょう。

なぜそうなるかと言うと、官僚はみんな、大臣ではなく次官のほうを向いて仕事をしているからです。「どうせすぐにいなくなる大臣の言うことを聞いたってしょうがない。次官に嫌われたら出世の道が閉ざされるから、次官にこそついていかなくちゃ」と考える。それが官僚の習性なのです。

余談になりますが、経産省は昔から東京電力とベッタリの関係を続けています。それが原発事故の対応を誤らせた一因でもあります。実際、松永次官は対応のまずさには何ら責任をとらなかったのに、三つだけ明確に指示したと言われています。

その三つとは、「東電を破綻させない」「銀行の債権はカットしない」「株主を守る」ということです。この一事をもってしても、いかに東電とベッタリであるかがわかろうというものです。

なにしろ、その関係は「幹部官僚の子弟が大勢、東電に就職している」ほど密です。東電もそれを自慢にしているのか、今年の四月にその子弟たちを集めて、プロジェクトを立ち上げる計画があったという噂がありました。その目的は、「東電は官僚と同様、いかに国民のためになるかを考えて仕事をしている。官僚のDNAを持つ社員たちを集めて、今後のあり方を考えましょう」という感じでしょうか。あきれ果てるこの計画は、原発事故で吹き飛んだという〝オチ〟があるのですが、こんな話が伝わってくるほど、経産省にしても東電にしても、緊張感のかけらもなかったと言ってよいでしょう。

ところで、この〝更迭劇〟には、おかしな点が二つほどあります。

一つは、三幹部を更迭後に自分も辞めると宣言している大臣が、どうして次の人事をやるのか、ということです。これは、本来、あってはならないこと。次に大臣になる人は、前大臣が決めた〝置き土産の幹部〟でガマンさせられることになります。

変でしょう？　サッカーの日本代表監督が辞任の前に、次の新しい代表メンバーを発表したとしたらどう思いますか？　新しい監督が選ぶべきなのに、何やってるの？ということになりますよね。そういったことが何の疑問もなく行われるのは、「霞が関の人事は大臣とは関係ない」という前提があるからです。大臣の交代と前後したのはたまたまのことで、誰が大臣であっても、人事は次官がやるものだという考えなんです。

もう一つは、どうして菅総理がこの人事に〝ダメ出し〟をしなかったのか、ということです。菅総理は「脱原発」を標榜《ひょうぼう》しているから、本当なら原発推進主義者をトップに据える人事なんて、呑《の》めるわけがないですよね？

実は菅総理は、密かに脱原発の人材を登用しようとしていたようです。でも、おそらく経産省の幹部がそれを察知したのでしょう。「このままだと、とんでもないことになる。組織が壊れる」というので、急きょ、海江田大臣に申し出たと思われます。「我々のクビを差し出しますから、その代わりこういう人事でやってください」

それでも、菅総理はその気になれば、そんな人事を却下することができたし、言うことを聞かない海江田大臣をクビにもできたはずです。そうしなかったのは、新聞にも出ていたように「もし、海江田大臣を更迭すると、大臣数人がそれに続く〝ドミノ辞任〟が起こるかもしれない」というような動きがあったからなのです。

「内閣が崩壊したら大変だ」となって、菅総理は涙を呑んで、改革派の登用を見送ったわけです。もっとも、一矢報いると言うか、朝日新聞の朝刊に「菅総理の意向により、経産省三幹部を更迭」と書かせました。海江田大臣が「更迭」という手柄を取るのが許せなかったのですね。

盛大に行われた松永次官の退任パーティ

震災と原発事故という国難を前に、永田町と霞が関ではこういうつばぜり合いが演じられていたのです。それだけでなく、国民が怒り心頭に発したのは、更迭されたはずの三幹部が一千万円も上乗せされた退職金を手にしたことでしょう。

次官の退職金は、自己都合だと六千五百万円くらいで、定年もしくは退職勧奨の場合は七千五百万円といったところ。今回は、企業で言うなら、表向きは懲戒免職のように見せかけて、現実には民間でいう早期退職である「組織上の都合による定年前の早期退職勧奨扱い」になったようです。

松永次官は「規定にのっとって処理された」と開き直っていましたね。その一言に象徴されるように、経産省の官僚は誰も「原発事故とそれに関連する不祥事を起こした責任は自分たちにある」などとは考えていません。いかに国民からバッシングを受けようとも、「自分たちはがんばったんだ。運が悪かっただけだ」と本気で思っています。

それが証拠に、松永次官の省内での退任パーティは従来の次官退任の時と同じように盛大に行われていました。私は呼ばれませんでしたが。「あれだけ叩かれたなかで、よくぞ経産省の牙城《がじょう》を守り通した」という喝采《かっさい》を受けたのではないでしょうか。

国家公務員制度改革がなかなか進まない理由は、こういう霞が関の体質にあるのです。

2章　官僚たちの「生態白書」

官僚は「ふつうの人たち」の集団

官僚たちに「青雲の志」はないのか

「お国のために、国民のために、我が身命を賭《と》して粉骨砕身《ふんこつさいしん》、働こう」

そんな「青雲の志」あふれる若者たちが官僚になった。国民としては、そう考えたいですよね?

当然です。行政というのは国を良くするためのものであり、優秀な政治家の下で、官僚たちが国民のために働くシステムなのですから。

仮に官僚になったときはあまり意識していなくとも、働くうちに自分は国民のために働いているんだという気持ちが鼓舞《こぶ》されていく。省庁は本来、そういう組織になっていなければいけません。

少し前まで私は、それが〝きれい事〟であるにせよ、少なくとも若いうちは官僚の誰もが「国のためになることをしたいよね」という気持ちを持っていると思っていました。事実、同僚たちを見ても、課長補佐くらいまではけっこう、改革派と異端児扱いされている私と同じような思いの人がたくさんいました。

ここでちょっと補足しておくと、私が若いころの経産省（当時は通商産業省）は「課長補佐以下の人事は課長補佐がやる。課長、局長などの管理職は、それに口を挟《はさ》まない」という不文律がありました。

このいいところは、課長補佐だとあまり次官のことを気にしなくてすむことです。だから、自分たちの志に従って、比較的自由に仕事ができたんです。上を気にするようになるのは、四十歳前後で課長クラスの管理職になるころから。いや、課長のポストが見えてくる筆頭課長補佐くらいからかもしれません。

いずれにせよ、課長クラスになると、自分を評価するのが局長になるので、なかなか思い切ったことが言えないし、できない。局長はというと、いつ次官からクビを言い渡されるか、あるいは天下りのポストはどこになるのか、とビクビクしています。とてもじゃないけど、次官に逆らうことはできないんですね。

そうして、少し前まで「通産省なんて解体してしまえ！」なんて平気で言っていた人も、偉くなるにしたがって体制に呑み込まれていく。そういう構図です。

いまでは経産省は、次官や局長が課長補佐の人事にまで介入するようになっていますから、若手も「次官を見て仕事をする」文化に侵食されつつあります。

「次官が国民のために働く人物だったら、そうならないんじゃないの？」と思うでしょうけど、そういう次官は皆無とは言わないまでも、ごくごく少数なのです。なぜそうなるかは、この本を読み終えたときにわかるはずです。

さて、青雲の志。こういった事情から、私はずっと「官僚は霞が関に長く暮らすうちに、若い時代の気持ちを失っていく」と思っていました。ただ最近は、「どうも、官僚になったときから、青雲の志なんてものはないんじゃないか。そんな人は実は少数派なんじゃないか」という気もしています。ならば、どうして官僚になろうと思ったのでしょうか。

偏差値の延長線上で「一番」を目指す

まず、どうやったら官僚になれるのかを、説明しておきましょう。

「官僚」という言葉は公務員全体を指すこともありますが、国家公務員のⅠ種試験に合格して、各省庁に採用された人たちを指して用いられるのが一般的です。「キャリア」と呼ばれることもあります。この本では、特にことわらない限り、官僚というときはキャリアのことを指していると考えて下さい。その官僚に対して、Ⅱ種・Ⅲ種の公務員試験に受かって各省庁に採用された人たちは、ノンキャリア、あるいはノンキャリと呼ばれています。

つまり、キャリアもノンキャリも国家公務員であることは同じ。でも、キャリアのほうが採用当初から重要なポストに配属され、昇進のスピードが速く、したがって給与もどんどん上がっていきます。あと、全員が天下りシステムの恩恵を受けられるのも、ノンキャリと大きく異なるところです。

話を志望動機に戻しましょう。大きく分けて、二つのタイプが見受けられます。

一つは、子どものころから一番偏差値の高い学校を目指してきて、その延長線上で官僚という職業に行き着いた人たちです。わかりやすく言えば、こういうことです。

「小学校でよく勉強ができました。それで、名門・一流と評判の、一番偏差値の高い中学校・高校に進みました。大学進学のときは、自分は頭がいいので東大を目指しました。文系で一番の難関である法学部に入りました。就職のときは一番難しい司法試験か国家公務員Ⅰ種試験か、という選択肢から国家公務員を選びました。そうして、一番難しい財務省に採用されました」

こういうちょっと変な上昇志向で官僚になっちゃった人は、役所でも当然、一番難しいポストを狙います。「出世して、こういう仕事をやりたい」というよりも、「一番上のポストに立ちたい」という思考です。どうも、目の前に難しいテストがあると、「よし、百点取るぞ!」とドーパミンが出るみたいです。一種の快楽なんですね。

こんなふうだと、「国民のために」という視点は入る余地もありません。当然のことのように、〝仕組まれた出世レース〟のなかで次官を目指すようになるのです。

食いっぱぐれることはない

もう一つのタイプは、「公務員なら、絶対に食いっぱぐれることはない」という安定志向の人たちです。私の印象では、このタイプは財務省、経産省などのある意味で派手な省庁には少なく（もちろんそういう役所にも一定程度はいますが）、いわゆる〝弱小省庁〟に比較的多く〝分布〟しているように思います。

こういう人たちはどうやら就職する前から、生涯給与の算盤《そろばん》をはじいたり、待遇について調べたりしているらしいのです。どういう天下り先があるとか、欲さえかかなければある程度は出世できるとか、入省前から驚くほどよく知っています。

また、ノンキャリにも安定志向の人が多いですね。キャリアよりもずっと昇進・昇給のスピードがゆるく、最終的に課長クラスになれるのはごく限られた人だけ。それでも、重い責任を負わされることはないし、退職金も千万円単位でもらえるので、人によっては「キャリアより良い職場だ」と言う人もいます。

現に、私の知り合いにも、東大や早稲田、慶應などを卒業し、Ⅰ種に受かる能力がありながら、わざわざⅡ種の試験を受けて国家公務員になった人たちがいます。

そういった安定志向が「いまの身分保障を絶対に変えて欲しくない」という思いにつながり、国家公務員制度改革を敵視する勢力を形成している部分も大きいのです。

私が通産省を選んだ理由

もちろん、「国を発展させるんだ。国民に幸せになってもらうんだ」という志に燃えて官僚になる人だって、一定割合はいます。ただ〝絶滅危惧種〟であることはたしかでしょう。

「で、古賀さんはどうなの?」という声が聞こえてきそうなので、一応、お話ししておきましょうか。

私は小学校のときに成績が良かったので、親に勧められるまま中高一貫の麻布学園に進学しました。この学校にはガリ勉をバカにする風潮がある一方で、「ある程度の成績をとっていれば、東大を受験するのが当たり前」という雰囲気がありました。

私もそういう友人たちと同じように、これといったしっかりした目的もなく東大の文科一類を受験したら、運よく受かってしまいました。法学部ですね。でも本当は、高三のときに古文のおもしろさに目覚めて理系から文系に転じた私は、文学部に行きたかった。しかし、教師が「文学部に行っても、しょうがないぞ」と言うので法学部にした、というのが正直なところです。

大学はつまらなかったですね。周りは大嫌いなガリ勉タイプの学生が多く、講義は退屈だし。結局、学校にあまり行かず、二年留年してしまいました。おかげで、民間企業に就職するのは非常に厳しいというので、そういう年齢差別はないらしい国家公務員試験を受けて、これまた運良く通ってしまったんですね。

通産省（当時）を選んだのは、面接のときに仕事のことを丁寧に説明してくれて、おもしろそうだなと思ったからです。実は大蔵省（当時）にも内定をいただいたのですが、面接官がふんぞり返っていて、何となく偉そうな感じがして、やめました。二階の廊下に赤じゅうたんが敷いてあるのも権威主義的ですごく嫌だと思ったことを覚えています。正直に白状すれば、省庁といって思いつくのが大蔵・通産・建設の三つくらいだった、ということもあります。

そんな私なので、官僚になった動機を問われると、はなはだ心もとない。でも、漠然とではあるけれど、学生っぽく、「金もうけだけではつまらないな」「世のため、人のためになる仕事をしたい」という気持ちはありました。そして、その気持ちは仕事をするにつれて、どんどん強くなっていったのです。

だから、「そもそものきっかけはどうであれ、官僚たちはみんな自分と同じ気持ちだろう」というふうに思っていました。それがいつの間にか、違ってきてしまったわけです。

公務員から「世のため、人のため」という大義名分がなくなったら、民間企業に勤める人との違いがほとんどなくなります。いや、民間企業の人だって、事業活動を通して「世のため、人のため」にがんばっていますね。

ただ、異なるのは、民間は「自社の利益の追求」を前提としていることです。役所が追求するのは「国の利益」であって、「役所という組織の利益」ではありません。だから、国民の税金からお給料をもらっている。ここが決定的に違うところと言えます。

その決定的な違いが見えなくなったいま、霞が関の省庁は「ふつうの人たち」の集団と化しています。

民間企業にも、ある一定割合は「消費者の役に立ちたい。利益はその結果としてついてくるものだ」という志の高い人がいます。一方で、「とにかく出世したい。高給取りになりたい」とする上昇志向の強い人、「寄らば大樹の陰だよ」と自分の生活の安定を求める人、「生活に困らない程度に働いて、ボランティアや趣味をやりたい」人など、さまざまです。

ここで、私が本項で話してきた官僚像と比較してみてください。どうですか、同じでしょ？　霞が関には、特別優秀で清廉潔白《せいれんけっぱく》で公正中立な人たちが集まっているわけではなく、ふつうの人たちの集団なのです。

そういう前提に立って、「君たちはふつうの人では困るんだよ。世のため、人のために働く意識が特別に要求される職業についているんだよ」ということを叩き込む。そのための仕組みづくりをするには、やはり国家公務員制度改革が必要なのです。

官僚たちは「働き者」か

庁舎の灯りがあぶり出す実態

機会があったら、深夜に霞が関に行ってみてください。庁舎にこうこうと灯りがつ

いていることがわかるはずです。でも、それを見て、

「いやぁ、こんなに遅くまで働いてるのか。もしかして徹夜？　働き者だなぁ」

などと騙《だま》されてはいけません。

評価すべきなのは、深夜まで、あるいは朝まで残業することではなく、どんな仕事をし、どういう結果を出しているのか、ということです。もちろん、緊急性の求められる大事な仕事を一生懸命やっている場合もありますが、だいたいは時間ばかりかかる不毛な仕事をダラダラと続けています。

典型的なのは、大臣に渡す資料を作成する作業です。「ここを一文字、間違えちゃった」とか、「この表現はまずいかな」とか、問題点を見つけ出しては作り直す。そのたびに何人もがチェックし、微修正を繰り返しています。

効率などおかまいなし。時間がある限り、作り直すのです。

また、幹部に連れられて、外部との打ち合わせと称した酒席に時間をとられるケースもあります。最近は減ってきてますが、昔は酒を飲んでそのまま帰ればいいものを、夜の九時、十時に庁舎に戻ってきて、仕事らしきことをします。

そんな状態で能率が上がるわけがない。当然、一段落するころには午前零時を過ぎ、タクシーで帰宅することになります。そういったことがほぼ毎日なので、霞が関の仕事の能率はいっこうに上がらないのです。

同じ飲むのなら、仕事が終わってからのほうがおいしいのではないか。さっさと仕事を終わらせて、それからゆっくりと飲むほうが仕事のためにも、自分のためにもいいのではないか。酒が飲めない私にはそう思えるのですが、違いますか？

想定問答集は何よりも大事？

残業のなかでも、大臣の国会での答弁や会見のための想定問答集づくりは、官僚が最もエネルギーと時間を割く仕事の一つです。

たとえば、原発事故直後の大変なときでも、官僚たちが徹夜で取り組んでいたのは、想定問答集をつくることでした。「なぜ情報を隠したか」といったことを正当化するための理論武装ですね。

具体的なことの一つに、「メルトダウンを起こした」事実をなかなか認めなかったことがあげられます。経産省には次官を筆頭に、「原発推進の旗を降ろしてはいけない」という思いが強くあります。それは純粋な政策的意味合いではなく、自分たちの巨大な利権を守るためです。利権を守るということは、官僚の本能になっているので、本人たちもあまり意識せずにそういう方向に動いてしまいます。ですから、こういう事故が起きてもついつい希望的観測をしてしまいます。

「あんまり危ない、危ないと騒ぎ立てないほうがいいよなぁ。もしかしたら、大過なく事故を収束できるかもしれないんだし……」

それなのに、震災翌日にもう原子力安全・保安院の中村幸一郎審議官がメルトダウンの可能性を認めてしまったものだから、官邸は「国民に不安を与えるじゃないか」と大騒ぎ。で、彼ははずされて、以後、メルトダウンという言葉がタブーになりました。

結果、「メルトダウンは起きてなかった」と判断したことを正当化しなくちゃいけなくなったわけです。ムリがありますよね？　どう考えても、中村審議官が正しい。でもそんなことは言えない。何とか自分たちを正当化できないか。元々ムリなことをやっている訳です。だから、想定問答をつくるのがものすごく大変なんです。時間がかかって当然です。

また、放射性物質の拡散範囲を予測する「ＳＰＥＥＤＩ」のデータを出さなかったことも然《しか》り。その理由は大方、「もし、これを出して、はずれてたらどうしよう。避難しろと言って、後でその必要がなかったとなると、責任問題になっちゃうなぁ。とりあえず、同心円でいきますか」と考えたことにあるのでしょう。

そんなことは口が裂けても言えませんね？　そこに正当な説明を見出すことなど、できっこないのです。それでもやろうとするから、徹夜になるのです。

こんなふうに、官僚たちは事あるごとに一生懸命、自分たちの判断をムリやり正当化するために、さまざまなロジックを捻《ひね》り出します。朝まで延々、「ここをこう突っ込まれたら、こう答える。それで反論されたら、こうかわす」といったことを細かく詰めているのです。

こういう仕事は不毛以外の何物でもありません。海江田大臣は「官僚たちは徹夜でよくがんばってくれた」と褒めていましたけど……。

評価は労働時間で決まる

では、官僚たちは好んで残業をしているのでしょうか。

それは違います。評価の基準の一つが「労働時間」だからです。

民間企業の場合は、とくにこの不景気なご時世、残業は褒められたものではありませんね？　残業の多い部署の管理職は、それだけで「管理能力なし」と見なされるくらいです。成果が上がらなければ、なおさらでしょう。

労働時間よりも仕事の成果、それが当たり前の評価基準なのです。

しかし、官僚の仕事というのは、何をもって成果とするかを考えるとき、けっこう難しい部分があります。

というのも、官僚はふつう、一、二年で異動になり、自分の関わった政策の成果が出るころには、たいていは別の部署に移っているからです。この頻繁な異動はもともと、責任の所在をあいまいにするために考え出されたシステムで、それが評価をしにくくしているのは当然の帰結と見ることもできます。

しかも、その成果が政策のおかげなのかどうかを証明する手法が開発されていないのです。たとえば、ある政策によって中小企業を発展させるという目的を達成したとしても、それが政策のおかげなのか、単に景気が上向いただけなのか、評価に困ってしまうわけです。

現状、何をもって成果と評価しているかは別項に譲るとして、こんなふうに成果の評価が難しいという事情もあって、労働時間が評価の対象になっているのが現実です。

私なども官僚になった初日に、残業の洗礼を受けました。入ったばかりの新人が遅くまでいてもやれる仕事などないのに、午前零時くらいまで帰してもらえなかった。面接で「仕事がなければ、さっさと帰っていいよ」と聞いていたので、「話が違うじゃないか」とイヤになったことを覚えています。

ともあれ、労働時間が長いことは、上司の覚えめでたきこと。かくして官僚は、文句も言わずにひたすら残業に励むことになるのです。

世間には通用しない「霞が関の常識」

身分保障に守られて

国家公務員はいったん各省庁に採用されたら、基本的に絶対にクビになりません。法に触れる犯罪に手をそめて逮捕された、実刑判決が出た、といった場合はさすがにクビになりますが、たとえばちょっと交通事故を起こした、ちょっと政策がまずかった、という程度ではまったく問題にならない世界です。

少なくとも公務員という身分は失わないし、よほどのことがない限り、誰でも年齢とともに給与が上がり、定年までずっと少しずつ昇格していく仕組みです。しかも、原則、減給・降格はありません。

また、住む家に困ることもありません。公務員宿舎が都内だけでも約二万戸あり、だいたいが一等地にあります。一番高いのは、坪単価五千万円の土地に、何百億円もの税金をかけて建設されたものです。で、家賃は相場の三分の一以下。なかにはタダ同然と言ってもいいようなものもあるくらいです。

さらに、勤続年数によって決まる退職金は高額だし、キャリアであれば天下りという再就職の道まで用意されています。七十歳、場合によっては七十五歳くらいまで、年収一千万円以上が保障されているのです。

「何、それ」って思いますよね？　私もこの「役所に長くしがみついていればいるほど、トクする仕組み」は非常に問題だと考えています。

どうして、こういう身分保障があるのでしょうか？　理由は二つあります。

一つは、「ある程度、生活がしっかりしていないと、公務員の権限を使って悪事を働くかもしれない」という考え方です。

人は誘惑に弱いから、生活が苦しいと、たとえば「誰かに便宜を図って、賄賂《わいろ》を受け取る」というような、お金欲しさの犯罪に走らないとは限りません。そんな気を起こさないように、ふつうに働いて真っ当な生活設計が立てられるだけの道をつけてあげる、というわけです。

二つ目は、「公務員を脅す悪い政治家がいる」という前提に立った考え方です。仮に、大臣なり政治家が「オレの地元に補助金を出せ」とか、「この許認可に手心を加えろ」などと言ってきたとします。そのときに「断ったらクビだ、左遷《させん》だ」と脅されても、身分保障があれば、「ダメなものはダメ」と毅然《きぜん》とはねつけられます。ようするに、公正を貫き通してもらうために、身分保障をしているのです。

考え方としては、悪くはないですよね？　問題は「身分保障があるにもかかわらず、政治家の圧力に負けて公正を曲げた官僚はいなかったか」「余計な金儲けをした官僚はいなかったか」ということです。

そういう例がたくさんありますね。政治家に圧力をかけられてというより、いっしょになって、天下りを含めて自分たちの利権の構図をつくったり、官製談合のようなことをやったり。自分たちの懐を肥やすことに一生懸命です。つまり、「身分保障があったって、結局は悪いことをやるじゃないか」ということです。そうなると、身分保障が「悪いことをしても、守ってあげますよ」という逆の方向で作用する仕組みになってしまいます。

前に述べた「経産省三幹部の〝上乗せ退職金〟」などは、その典型的な例です。身分保障さえなければ、「クビ!」と言って退職金を削ることだってできたはずです。

こういう身分保障はもはや、世間では通用しません。だから、国家公務員制度改革では、とくに幹部の身分保障をなくすことが求められるのです。

「個室、秘書、車」の三点セットは官僚のプライドの象徴

ここでざっと、官僚の出世のプロセスについて、触れておきましょう。

公務員の世界にももちろん、業績や能力の評価があります。とくに最近、能力実績主義をきちんと導入しようという動きが出てきました。逆に言えば、そんなことをいまごろ言っているくらいですから、いままではそうではなかったということです。

つまり、基本的には年功序列。官僚であれば、二十代で係長、三十代で課長補佐、四十代で課長、五十代で審議官・部長から局長、最終的には次官まで上り詰める、というプロセスです。

キャリアであれば、以前は多くの省庁で当然のごとく部長・審議官級（幹部職員）まで昇進し、その地位の象徴として、「個室、秘書、車」の三点セットが与えられた

ものです。

しかし、いまではポストが足りず、高齢化したキャリアを全員幹部職員にすることができないため、同期がみな部長や審議官になるのに合わせて、課長級であるのに、この三点セットをつけるという「温情措置」を取るところもあるくらいです。キャリアの「個室、秘書、車」という三点セットに対するこだわりと、その裏にある悲しいくらいレベルの低いプライドというものを垣間見る思いがします。

この出世の標準タイムが、恐ろしいほどバラツキが少なく決められています。

なかには、「ウチは、みんなが一律に出世するなんてことはない」と反論する役所もあるでしょうけど、その内実は「高齢職員が増えて、上のポストが足りなくなった」だけ。厳格な評価をして昇進に差をつけているわけではない場合がほとんどと言っていいと思います。

ただし一方で、厳然とした競争があります。いかに年功序列で出世しても、課長より上はポストそのものが少なくなるからです。最終的に次官になれるのは、同期のなかでたった一人です。だからみんな、局長・次官を目指す一方で、落ちこぼれた場合を視野に入れて、より良い天下りポストを狙うべく立ち回るのです。ひたすら幹部の顔色をうかがいながら……。

また、次官になるための重要ポストというものがあります。それが財務省であれば主計局長で、経産省であれば経済産業政策局長。同じ年齢であれば、ポストによって給料にそう差が出るわけではありませんが、次官になれるか否かでその後の天下り人生でも待遇は格段に変わってくる。だから、誰もが次官へとつながる局長ルートをめぐって、熾烈《しれつ》な戦いを繰り広げています。

もう一つ付け加えておくと、課長より上のポストにいけずに落ちこぼれた官僚たちは、辞めても実質的には公務員としての身分保障がなくなりません。経産省の官僚は辞めても経産省の人、財務省の官僚は辞めても財務省の人です。どこに天下ろうと、彼らには幹部並みの、悪くても現役時代のポストに準じて部長級・局長級の給与がもらえます。天下りは、年功序列制度、つまり、長く勤めている人から順番に偉くなっていく仕組みのなかで生み出されたシステムなのです。

つまり、公務員という身分はなくなっても、生活はいままで通り安泰。身分保障が生活保障にカタチを変える、という仕組みになっています。

霞が関は長い蓄積のなかで、こうした自分たちに都合のいい〝身分保障システム〟を形成してきました。なぜだと思いますか？

これはもう人間の本能と言いますか、自らの将来にわたっての安泰を求める気持ちだと思いますね。

「人生、浮き沈みのないほうがいいよね。能力主義で競争が激しい職場にすると、成功したときはいいけど、失敗したときのリスクは大きいよね。だから、あんまり差がつかないようにしようよ。でも、みんななるべくがんばって仕事しようね」

そうやって、リスクのない世界をつくってきたのです。

百歩譲って「気持ちはわかる」と言ってあげたいところですが、「がんばって仕事しようね」の部分が非常に問題です。ボランタリーな、本人の気持ちしだいの仕組みであって、「がんばらない人はこうやってがんばらせる」という罰則を含めた規律が抜け落ちているからです。

みなさんとしては「そんな組織、アリなの？」とあきれてしまうと思います。繰り返しますが、だからこそ国家公務員制度改革が必要なのです。

同期の送別会に流れるビミョーな空気

五十歳を過ぎるころになると、出世コースからはずれた同期の送別会が〝恒例行事〟になっていきます。だいたい夏の大異動が一段落したころに行われます。私の年齢（五十六歳）だと、もうほとんどの同期が役所を去っています。

一昔前なら、見送るほうが〝勝ち組〟という図式がありましたが、最近はちょっと様相が変わってきています。役所に残る側の人のなかに、次官を目指してバリバリ戦っている人だけではなく、天下り先がなくてしょうがなく残っている人が存在するようになってきたからです。

なかには、実質的には天下りなんだけど、カタチは現役のまま出向となっているケースもあります。天下りの斡旋が禁止されたので、「大っぴらに大量にやると捕まるから、陰でこっそりやろう」という風潮になってきたからです。その〝技術〟の一つが、現役出向なんです。これについては、後で詳しく述べます。

そういった状況なので、人事異動の直後に行われる同期会は悲喜こもごも、ビミョーな空気が流れるようになりました。互いに「最近、どう?」なんて声をかけ合いながら、いまの立場について、さまざまな声が聞こえてきます。

「いやぁ、天下りでラクチンになると思ってたんだけど、けっこう大変なんだよ。事業仕分けでみんなの前で叩かれてさ」

「僕なんか、本当にラクチンでさ。申し訳ないくらいだよ」

「公務員の給料、今年もカットされるんだって? いまとなれば、早いうちに辞められてよかったなぁと思うよ」

「辞めたヤツはホント、ラッキーだよ。オレたち、残っちゃったけど、出世するわけでなし、このまま塩漬けだぜ」

役所を辞める日に行われる職場でのお別れ会も、人それぞれの思いが感じられてなかなかのドラマが見られます。ときに、「○○さんは今年辞めますが、歓送会はありません」という知らせが届くことがあります。たぶん、落ちこぼれちゃったことが悔しいか、天下り先があまりにもみじめなところで落ち込んだか、何らかの事情があるのでしょう。みんなに「ご苦労様でした。お世話になりました」などと言われるのもイヤだという人がいるのだと思います。

そんな同期の送別会にも、私は去年から呼ばれなくなりました。幹事をやっていた官房長に嫌われちゃっているし、天下りを批判している私が行くと同期のみんなも気詰まりなんだと思います。もちろん私が辞めた日に通常行われるお別れ会はありませんでした。花束贈呈なんてとんでもないということなんでしょうね。

ちなみに、例の松永次官の送別会のときは、私への招待のお知らせはなし。そのかわり、役所のなかのアドレスから「本当は更迭されたのに、パーティなんかやってもいいのか」という〝檄メール〟だけは届きました。

霞が関的に優秀な官僚とは

前に、官僚の仕事は評価がしにくい、ということを述べました。それでもやっぱり何らかのカタチで評価をする必要があります。

その評価というのはイコール、「どれだけ省の利権を強化・拡大したか」です。ただ、「自分たちのシマを拡大する」ということだけだとまるでヤクザと変わらないので、官僚の沽券《こけん》に関わります。言い換えれば、少なくとも表向きは、「私たち官僚は国民のために、こんな安月給で一生懸命働いているんです」というふうに見せたいと思うわけです。

これがまた、「身分保障のなかで生涯、いい思いをしてぬくぬく暮らす」という人生設計を何よりも大事にすることの隠れみのにもなるんですね。

だから、霞が関的に優秀な官僚というのは、本音と建前が表裏一体になった〝きれいな絵〟が描ける人であり、その出来具合が評価のポイントにつながるわけです。それがどういう「絵」か、わかりやすく説明しましょう。

たとえば、食品事故が相次いでいるとします。当然、国民からは「こんなことを許しておいていいのか。不安で何も食べられないじゃないか」といった怒りの声が高まります。すると、頃合いを見計らって、厚生労働省、もしくは食品安全委員会の官僚が乗り出します。

「わかりました。私たちが一肌脱ぎましょう」

国民からは官僚が「正義の味方」に見えなくもないですね？　で、官僚たちが何をするかと言うと、規制を導入する法律をつくったり、いまある法律を改正して厳しい規制を導入するんです。

マスコミも国民も「ぜひ、やってくれ」と称賛し、パチパチパチと拍手で幕を下ろします。ここまでが「表向きの絵」です。官僚の重要な仕事は、むしろここから始まります。

「法律の条文に、『政府はそれを実施するに当たって、普及啓発活動を行う』ということを明記しましょう。あと、細かい規制を実施する組織も必要だから、そのための法人も作りましょう。各都道府県に関連の法人を設置するのもいいですね」とか何とか、誰も知らないうちに、いろんなものをくっつけていくのです。

そうして法律を楯にとって、その年の予算要求を行います。「法律に書かれていることをちゃんとやらなければ大変なことになりますよ」などと言って。そのうえで今度は、業界団体にこんなふうに話を持ち込みます。

「規制が厳しくなるから、あなた方、大変ですよ。普及啓発はどうするつもりですか？　いまの協会ではできないですよね？　だったら、新しい団体を作ってしっかりやりましょう。国民の安全のためには、いままでの団体ではダメなんですよ」

こうして、本当はいままでの団体でできることなのに、わざわざ新しい団体をつくるのです。もちろん、企業はその団体の会員になり、会費とか賛助会費の名目でお金を払うことになります。と同時に、その団体には「一部の企業に任せると公正を欠くので、国からＯＢを派遣します」と言って、理事長にキャリア、事務局長にノンキャリを置く。これで天下りの一丁上がり！　省庁の利権が拡大されることになります。

それでも、ちゃんと仕事をするならヨシとしてもいい。でも、本来、不要な団体ですから、仕事なんかないんです。そこに派遣された官僚ＯＢもせいぜいパンフレットづくりくらいしか思いつかないので、たいていはパンフを刷って都道府県の関連機関に配布することで、活動しているフリをします。そのパンフが一年後には大掃除で捨てられる運命にあることは言うまでもありません。

以上は、具体的に現実の事例を念頭に置いたものではありませんが、これと似たようなことが日常的に起こっているのは事実です。というより、すべての法律や制度の上にはこのような仕組みができ上がっていると言ってもいいでしょう。これがまさに、「表向きにきれいな絵を描いて、その裏で自分たちの省庁の利権を拡大する」方策なのです。

霞が関的に優秀な官僚は、この絵がきれいに描ける人と思っていただいてけっこう。次官をはじめとする幹部から「よくやった」と褒められ、出世の道が開けていきます。官僚の頭の良さがこんなしょうもないことに発揮されているなんて、ガッカリしますよね？　それが頭脳のムダ遣いなのか、本当は頭が悪いのか、よくわかりませんが、許されないことです。

この一事をとっても、評価制度の抜本的改革が必要なことは、ご理解いただけると思います。

国民感情とズレがある官僚思考

自分たちはこんなに一生懸命働いているのに

ここまで読んだだけで、みなさんは「官僚たちがいかに国民のほうを向いて仕事をしていないか」を知って、ガッカリしているのではないかと推察します。説明している私自身が「何たる体《てい》たらく」とウンザリするくらいです。

けれども、官僚たちは本気で「自分たちは優秀だ。一生懸命働いている」と思っています。それなのに国民からバッシングされるのは不本意だと考えています。その官僚心理はこうです。

「自分たちは東大法学部を出た。国家公務員Ⅰ種というものすごく難しい試験もパスした。とびきり頭がいいし、優秀なんだ。しかも、民間の超一流大企業に就職した同級生たちより、安い給料でがんばってる。夜遅くまで残業してる。すべては国民のためとはいえ、我ながら本当にかわいそうだと思う。

それなのに、どうして世の中は『公務員の給料をもっと下げろ！　人数をもっと減らせ！』と文句ばかり言うのだろう。これは不当な公務員バッシングだ。きっと、ねたまれてるんだ。昔、頭の悪いヤツに勉強ができるというだけでねたまれたように、また二流企業にしか入れなかったヤツに官僚になったことでねたまれたりしたように。日本にはもともと、『ねたみ・ひがみの文化』がある。自分たちはその犠牲者だ」

この心理を理解できる国民は、ほとんどいないでしょう。私がそんな官僚に対する国民心理を代弁してみますと……。

「たしかに、官僚になったヤツは頭がいいだろう。でも、それは単に試験ができたというだけだよね。国民のために何ができるかというのは、別の能力だと思うんだけど、その能力があるとは思えないよね。

だって、アジア中の国々の経済が繁栄している、その成長スポットにいるのに、なぜか日本と北朝鮮だけがどんどん沈んでるじゃない。年金はなくなっちゃうし、そこらじゅうで税金のムダ遣いをしてるし、原発事故の対応のまずさで更迭された人が責任もとらずに退職金を割り増しでもらってるし。

それってやっぱり、国の経営がダメなんでしょ。で、挙句の果ては、借金が一千兆円もあるから増税だって言われてさ。国民はもう、踏んだり蹴ったりだよ」

そうですよね？　でも、国民がそんな気分でいることを、官僚たちは少しもわかっていないのです。

つまり、官僚のやることと国民感情との間に、ものすごく大きなギャップがある、ということです。

子どもたちとの会話で馬脚を露わした官僚体質

あるときテレビを見ていたら、議員会館に福島第一原子力発電所関連の各省庁を代表して課長補佐クラスの官僚たちがズラリと並んでいるシーンが映し出されました。そこで彼らは、福島からやって来た子どもたちを出迎え、質問や要望に答えていました。

それが見るに堪えないものなのです。およそ何も答えられない。たとえば、女の子が「どうして、すぐに放射能の除染をしてくれなかったんですか？」というような質問をしたとき、官僚は何と答えたと思いますか？

「一生懸命、がんばってます」――。

これでは、答えになっていません。その女の子がまた鋭くて……というか当たり前なんですが、答えにダメ出しをしました。

「そうじゃなくて、どうしてすぐやらなかったんですかって聞いてるんです」

官僚はもうタジタジでしたね。この一コマを見て、視聴者の多くは、「あぁ、官僚ってこんなに頼りない人たちだったのか」と再認識したのではないかと思います。

けれども官僚にしてみれば、そんな突っ込みが返ってくるとは予想もしていなかったでしょう。なぜなら、普段の国会の議論はそれで通ってしまうからです。

仮に大臣が野党議員から「どうして真面目にやらないんだ！」などと言われたら、「いま、一生懸命に取り組んでいます」と答える。そうすれば、次の質問に移っていく。そんなシナリオで質疑応答を切り抜けることが、官僚たちの常識なのです。

国会の答弁がいかに血の通わないものであるかを象徴するようだと思いませんか？

本来、政府がやるべきことをやっていないなら、国会で議員は「なぜやらないのか」

「誰の責任なのか」と厳しく追及するべきなのです。そこが手ぬるいから、政府の実行部隊である官僚たちがやるべきことをやらずにスーッとすり抜けていくのを、許すことになってしまうのです。

国会での議論もまた、国民感情とかけ離れたところで行われている、と言えるでしょう。

責任転嫁して、決して失敗は認めない

一番の問題は、官僚たちが国民感情と真摯《しんし》に向き合わず、自分たちは役に立っていない、と反省しないことにあります。

「日本がこんなに落ち込んじゃったのに、再生のための起死回生の一発となるような政策の一つも思いつかない。本当に申し訳ないなぁ」

そんなふうに思ってくれれば、まだ救いがあります。彼らにも「変わる」可能性があるからです。

しかし、前述したように、「自分たちは優秀だ」という思い込みが強いばかりに、

失敗を認めようとはしません。たしかにまずいことになったとわかっていても、それでどんなに非難されようとも、「いや、自分のせいではない」と繕《つくろ》うのです。アイツが悪い、コイツが悪い、世の中が悪い、世界が悪い、運が悪い……責任転嫁するためのロジックなら、いくらでも思いつく。そういう能力は非常に高いのです。

だから結局、いまのままだと、官僚たちは変われません。信賞必罰《しんしょうひつばつ》で「自分の失敗を認めて、きちんと責任を取らせる」仕組みが必要なのです。

逆説的な言い方になりますが、官僚たちは褒められるのが好きなので、「本当に国民のために仕事をしたときに褒める」というふうにすると、正しい方向でがんばってくれる可能性を秘めています。

というのも、官僚たちの多くは子どものころからずーっと、いつも褒められて育ってきたからです。それゆえ、「頭がいいね」「がんばったね」「すごいね」などと褒められると、たちまちドーパミンが出て、「もっと褒められたい」とがんばるわけです。

逆に、叱られたり、けなされたりするのは大嫌い。そこを利用して、省益のために仕事をしたときに、上司から叱られたり、周囲の人たちから「頭、悪いんじゃないの」という目で見られたりするようにしたらいいのです。そしたら、そんな仕事はしなくなります。

いまは、官僚組織に「省益のために働くと褒められる」という構図があるために、官僚たちがどうしても国民感情とは反対方向のことに精を出している、という見方もできるわけです。

もちろん、ちゃんと国民のほうを見ていれば、上司に褒められるからと言って、その仕事が国民のためになるものではないことはわかるはずです。ただ、自分の出世や安泰な将来に大きく関わるのは上司の評価ですから、意識は上司に向かってしまう。だからこそ、仕組みの上で上司の評価の基準とそのやり方を変えることが重要なのです。

3章　〃内向き思考〃が日本を滅ぼす

官僚の正体見たり、縄張り争い

官僚一年生は見た！

官僚たちが自分たちの省庁の利権を拡大するために働いていることは、前に述べました。それがときに、省庁間の縄張り争いめいたことに発展します。「権限争議」と呼ばれるものです。

私は官僚一年生のときにもう、その実態を目《ま》の当たりにしました。この体験は何度か文章にしていますが、象徴的な出来事なので再度、紹介しておきます。

それは、通産省（当時）が「次世代産業基盤技術研究開発制度」を創設すると発表したときのことです。

日本の科学技術は戦後、「欧米先進諸国に追いつけ追い越せ」とがんばってきて、世界のトップレベルにまで進展していました。しかし、まだモノマネの域から脱し切ってはいない。世界からは「タダ乗り」だという批判も出ている。これからは、日本にしかできない独創的な技術を開発する時代だ。そういった観点から、「ノーベル賞を取れるくらいの研究開発にお金を出しましょう」となったのです。

それまでは、基礎研究は科学技術庁（当時）、技術の商品化を推進するのは通産省、という〝住み分け〟がありました。けれども、時代が基礎研究を重視する流れになったことで、通産省は「この分野なら、予算が取れる」と踏んだのでしょう。

このときに「そうは問屋が卸さない」と乗り出してきたのが科技庁。同じような制度を立ち上げ、そのために新しい組織を創設する計画が立てられました。

予算を握る大蔵省（当時）も、さすがに事業内容が酷似している両方を認めるわけにはいかないので、「どちらかにしなさい」と指導しました。そこから、通産省と科技庁の間で連日、徹夜の協議が始まりました。

最終的に通産省が負けて、科技庁に譲るカタチになったのですが、納まらないのは通産省の官僚たちです。彼らは本気で純粋な政策論議をしていたし、徹夜作業もいとわずにがんばって戦ってきました。だから、ものすごく悔しい。上から「ここらが潮時なんだ」と言われても、納得しない。

それで当時担当していた部長室に乗り込み、「おかしいじゃないですか」と談判しましたが、負けが覆《くつがえ》ることはありませんでした。若手はみんな、泣いていましたね。ちょっと感動的な光景ではありましたが、私は冷めた目で眺めていました。

「別にどっちがやってもいいじゃない。自分たちの縄張りを広げるための戦いなんて、国民から見ればおよそどうでもいいことでしょ」

何しろ、まだ一年生なので、口には出せませんでしたが、違和感を覚えたことを記憶しています。

しかも、手打ちをするに当たって、局長同士が裏取引をしていたことがわかって、唖然《あぜん》としました。「新しくつくる組織の理事に、通産省の推薦した者を採用する」という覚書が交わされていたのです。つまり、科技庁傘下の組織に通産省ＯＢの天下りポストを一つ用意するから、科技庁が一つ新しい組織を作るのを認めてくれということです。

実にわかりやすく「なるほどね」と思う一方で、「政策が人事のポストで決められていいのか」という義憤を感じました。以後三十年、私はこういうことが役所では日常茶飯事であることを、何度も〝目撃〟することになったのです。

最近の例だと、幼稚園と保育所の抱える問題点を解決するために打ち出された、幼保一元化もしくは幼保一体化という政策がありますね。これがなかなか進展しないのも、幼稚園は文部科学省、保育所は厚生労働省と、所管が異なるからです。国民のためにどう効率化を実現していくかが大事なのに、両省の議論はどこまでも自分たちの利権をどう確保するかに終始しています。国民はこんなところで縄張り争いをしていると知ったら、怒りと絶望を感じることと思います。

国民の思いは、「国民のためになる、国益につながることをやって欲しい」ということ。省庁のどこが管轄するかなど、どうでもいいことです。そのどうでもいいことにエネルギーを注ぎ込む。官僚たちのそんな〝内向き思考〟が、日本をダメにした元凶の一つであることは論をまたないところです。

省内で〝純粋培養〟される官僚たち

官僚たちが省のことばかり考えてしまうのは、採用されてから退職するまで、天下りを含めてずっと同じ省庁に所属していることにも理由がありそうです。

ここで、霞が関を「国が経営する一つの会社」だと考えてみてください。民間企業風に言えば、それぞれの省庁は「事業部」、省庁内にあるさまざまな部署は「課」や「室」に相当しますね。そうすると、現在の省庁は一つの部のなかで人材をぐるぐる回して、〝純粋培養〟している、という見方ができます。

こんなふうでは、省のことだけを考える人材しか育ちません。トップの次官まで上り詰めたところで、国を大所高所から見ることができるはずもないのです。

加えて、同じ省庁にずーっと滞留しているわけですから、所管の企業や団体との癒着が起こりやすい。意識していなくとも、特定の企業・団体と持ちつ持たれつの関係を維持していくのが当たり前という空気が醸成《じょうせい》され、感覚が麻痺してしまうのです。

政権でも同じことが言えますね。日本は長く自民党政権が続きました。そのなかで、いつの間にか「政治家と官僚が結託して不正を働く」ようなことが可能な体質になっていきました。もし、頻繁に政権交代が起こっていれば、それが不正の抑止力になったはずですし、官僚もいまほど力を持たなかったと思うのです。民主党が政権交代を果たしたときにはもう、官僚が政治家を思うままに動かす〝霞が関文化〟が深く根付いていた、といったところでしょうか。

ともあれ、霞が関の各省庁に厳然としてある〝内向き思考〟を変えていくには、〝純粋培養〟ではダメだということです。省庁間の人材交流をもっともっと活発にする必要があるでしょう。

民間人の登用が進まない理由

よく「民間人の登用を進めなさい」と言われます。これは、「国民の暮らしぶりや国の現状がよく見えていて、それを良くするための知識・アイデアを持った人を、どんどん外から取り入れなさい」ということです。

いわゆる「お役所的発想」だけでは、国と国民のための行政に限界があります。広く外から新しい血を入れれば、よどんでいる組織をもっと柔軟でダイナミックなものにし、そこから画期的な政策が生まれるかもしれません。

だから、民間人の登用は、積極的に推進するべきなのです。それがなかなか進まないのは、やはり霞が関の〝内向き思考〟が障害になっていると言わざるをえません。
たとえば、経産省が民間の人を課長補佐として登用したケースでは、見ていてお気の毒なくらいでした。というのも、民間人一人を何十人もの公務員で取り囲む感じになってしまうからです。

一人孤立するなかで、たとえ大声で「民間のやり方でいこう！」と叫んでも、誰も相手にしません。そうなると、民間の人もいづらくなるのでしょう。いつしか「私もみなさんと同じようにできますよ」ということをアピールし始め、公務員たちに同化してしまうのです。

しかも、民間から登用される人は優秀な人ですから、「私は普通の公務員より、もっと優秀な公務員になります」となっちゃう。何のために登用したのか、ということですよね。〝よそ者〟を排除する、霞が関の〝内向き思考〟の弊害《へいがい》とも言えます。

また、国家公務員制度改革推進本部事務局にいたときには、事務局員の半分くらいを民間から登用しました。これは、渡辺喜美大臣の置き土産で、非常に画期的な試みでした。人数的に見ても、公務員に圧倒されずにすむのではないかと期待していました。

ところが、官僚たちが民間の人に法律の条文を書かせたりして、「全然ダメだね、君」とか言って、チクチク突っつくのです。そうして非常に細かいことを指示して、自分たちのやり方を押し付けていくわけです。

本当は「こんなやり方はおかしい」とか、「こんな細かいことをいつまでもグチャグチャやっていてもしょうがない」「民間だったら、知恵を出してもっと効率化しますよ」といったことを公務員に教えるのが、民間の人の役回り。それがいつの間にか、公務員にからめとられていく、という感じでした。

それと、民間人のなかにも、「私は本当の公務員になりたい」「官僚になり切ります」「政治家、大好きです」みたいな、ちょっと変わった人もいるんですね。そういう人はみるみる〝役人化〟していきました。

そういった官僚の排他主義的な考えは、次の会話からもよくわかります。これは、公務員改革を担当している役所の官僚と私が交わしたものです。

「古賀さん、民間人を登用しろって言うけどさぁ、登用したら、同期会はどうするの？」

「え……同期会？　何で？」

「民間から来た人も同期会に入れるの？」

「入れればいいんじゃないの？　それまでと同じようにやればいいじゃない」

「だけどね、民間人が入って来たら、自由に気兼ねなく本音の話ができなくなるよ」

「そうかなぁ。僕はそんなこと、ないと思うけど。まぁ、人にもよるのかな」

「天下りの話とか、やりにくくなるよね」

「そんなこと、どうでもいいじゃない」

「きれい事、言わないでよ。そういう話が自由にできなくなったら、同期会の意味がないでしょ。そう思わない？」

私にとっては、「目からウロコ」のような発想でした。そのときに、「そう言えば、同期会って、天下りの話題がけっこう多いな」と気づいた次第です。

残念ながら、〝内向き思考〟の霞が関は、自分たちの縄張りを守ることに一生懸命。外から来た者は排除するか、同化させるかして、「民間から学ぼう」という気持ちがありません。そこから変えていかない限り、民間人の登用は進まないのです。

どうにかならないのか、天下り

天下りのからくり

ここで、天下りとはどういうからくりなのか、改めて説明しておきましょう。

前に述べたように、天下りは年功序列制度のなかで生み出されたシステムです。官僚になると、同期みんなが横並びで昇進していきます。課長くらいまではだいたいポストが足りるのですが、その上になると足りなくなります。審議官や部長のポストは数十しかなく、さらに上の局長ポストは十前後で、トップの次官は一人だけです。

組織はどこでもだいたい、上にいくに従ってポストは少なくなる、ピラミッド型になっていますね？　その点は役所も同じです。

そこで役所では、上のポストに上がれずにこぼれてしまった人は、後進に道を譲るために退職させられることになっています。民間なら「万年係長」「万年課長」「万年部長」として会社にい続けることもできるし、後輩が上司になることも珍しくはありません。いっとき負けても、がんばって巻き返しを図ることも可能です。

でも、官僚の場合は、限りがある上級ポストに同期が出世した時点で、勝負アリ。負けた人は潔く去らなければなりません。非情なように見えますが、実際には「後輩と同列、下手して後輩が上司になったんじゃあ、お互いに居心地が悪いだろう」ということでしょう。官僚はみんなプライドが高いので、後輩の部下になることが許せないのかもしれません。

それに、退職した人は寄る辺なく役所を出ていくわけではありません。ちゃんと、就職先が用意されています。それが天下り。その人が在籍した省庁が所管する独立行政法人、国立大学法人、特殊法人、公社、公団、団体や所管の民間企業などに高い役職で迎えられます。

このシステムは、官僚制の歴史のなかで形成された「キャリア官僚の早期退職勧奨慣行」と呼ばれるものです。

また、出世競争に敗れて天下りをした人にも、年次に応じた収入を保障するのが霞が関のルールです。ここも民間企業と大きく違うところでしょう。役職が上がらなければ給料は凍結もしくは微増、五十代からは大幅減少というのが民間の常識ですから。かくして、天下り先は役所の肩代わりをするように、元官僚に退職時と同等の給与を支払うことになるわけです。そして多くの場合、何年かごとに別の団体や企業に再再就職する「渡り」と呼ばれる天下りが行われています。

近年、天下りをなくそうとする動きは出ています。「省庁が斡旋・仲介してはいけない」というルールができました。けれども、実態はほとんど変わっていないと言っていいでしょう。天下りは官僚たちの身分を守る砦《とりで》ですから、おいそれと壊されたくないのです。

問題は役所のシステムと一体化していること

広い意味での天下りは必ずしも悪いものではない。私はそう考えています。「改革派らしくない」と叱られそうですが、天下りを広く、官僚だった人が民間で就職することと見れば、これは単なる「転職」と見ることができます。官僚が役所で身に付けた知識やスキル、ノウハウなどを外で生かすことにつながります。それが国のため、国民のためになるのであれば、むしろいいことだと思うのです。

けれども、いまのシステムのままではダメです。何が一番悪いかと言うと、天下りのポストと役所のシステムが一体化していることです。

役所の人事はいまや、天下りなくして回らなくなっています。勝負に負けた人が役所に勤め続けると、人件費がパンクしてしまうからです。そこで、毎年のように天下りポストを退職者にあてがえるようにしなければなりませんから、ポストの確保と維持が至上命題になっています。

そのポストづくりのために、官僚たちは懸命に働いているのです。受け皿が足りないとなれば、適当な理屈をつけて、まったく必要ない新しい団体を立ち上げることさえします。いくら一生懸命でも、そんな仕事はムダ以外の何物でもありません。

しかも、政府の関連団体の場合は、常に予算がついて回ります。天下り官僚の給与や仕事をするのに必要なお金の何倍もの予算を、補助金としてバンバンつけてあげるのです。天下り機関のなかには、補助金をそのまま別の会社に丸投げしたり、ろくすっぽ仕事がないからとムダ遣いしたりするところもあるようです。

また、民間企業への天下りでは、優秀とは言えない人材を受け入れてもらうために、何らかの見返りを提供するようなことが起きます。企業だって、役に立つ人材でなければ人件費がかさむだけで、受け入れるメリットがありませんから。

その見返りとはたとえば、補助金を出したり、「この規制がなくなったら、うちは大打撃を受ける」と泣きつかれて規制の撤廃に手心を加えたり、本当は必要のない仕事をつくって発注したりするようなことです。

企業にしてみれば、天下り役人は人質のようなもの。役所との間で暗に、「きちんと面倒を見るから、いろいろと便宜を図ってくださいね」という癒着関係を結んでいることが少なくありません。

つまり、天下りポストを確保・維持するために、霞が関は国民の税金を使って、ムダな仕事を増やし、予算を歪ませ膨らませ、癒着を生み出しているのです。

「古賀君、僕は本当に寂しいよ」

天下り先となる公益法人をつくると、そこを天下りの指定席にして、何が何でも手放そうとしない。それが霞が関の文化です。

それが企業や国民にとって必要な機関であるなら、何も「潰せ！」とまでは言いません。必要のない、事業が形骸化《けいがいか》している機関まで温存しようとするところが、大きな問題なのです。誰が考えてもおかしなことなのに、どういうわけか霞が関だけは「省のためになるから、維持することがベストな選択である」と考えるんですね。

正義漢を気取るつもりはありませんが、私は官僚人生において省益のことなど、まったく考えたことはありません。官僚として省益の前に国益を考えるのは、当たり前ではないですか。

だから、公益法人を一つ、潰したことがあります。それは、商務情報政策局の取引信用課長を務めていた二〇〇一年のこと、日本資産流動化研究所という財団法人を解散させることを提案したのです。

この財団は、一九九二年に「特定債権等に係る事業の規制に関する法律（特債法）」

が施行されたことをきっかけに創設されました。少し専門的になってしまいますが、日本では当時、リース会社やクレジット会社が持っている個人や企業向けの多数の債権を一つにまとめたうえで、それをまた小口化して販売する、いわゆる流動化という事業が広がりつつありました。

ただ、日本ではまだ、この種の新しいデリバティブ（金融派生商品）に馴染みが薄く、そのまま流通させると、投資家が思わぬ損害を受ける危険がありました。また、予期せぬ破綻事例が出ると、業界全体に信用不安が生じ、共倒れを誘発する可能性もありました。最近の例で言えば、業界のなかでリーマンショックのようなことが起こる危険を内包していたわけです。

そこで、国が審査をして安全のお墨付きを与える仕組みが必要だとなって、通産省がこの事業の規制や保護・振興を目的とする法律づくりを進めたのです。日本資産流動化研究所は、その審査業務を行う機関として創設されたものです。

ここでお墨付きをもらうと、リース会社やクレジット会社は流動化された債権の格付けが得られますから、低コストで資金調達が可能になります。と同時に、資金繰りが円滑になることによって、業界全体が活性化することも期待されました。

だから、この財団は当初、存在意義があったのです。理事長は経産省キャリア、事務局長はノンキャリの指定席という天下りポストがセットになっていました。

けれども、私がこうした事業を担当することになったときは、すでに事業は円滑に回っていました。リース・クレジット債権の証券市場は役所の予想を超えて大きく成長し、民間で格付けができるなど、経産省がいちいち審査する必要はないと思えました。それで私は「日本資産流動化研究所は使命を終えた」と判断したわけです。

「審査は民間に任せて、問題ないでしょう。このまま研究所を続けても、運営費はかさむし、人件費もバカにならない。それに、ほかの資産流動化には、国が審査するなどという規制はないし、もう廃止しましょう」

しごく当然の提案ながら、局長以下、官僚たちを説得するのは大変でした。財団の廃止にともない、天下りポストがなくなってしまうからです。

それでも、最終的には私の真っ当な理屈が通り、規制は撤廃、財団は解散することが決定しました。このとき、局長が言った言葉は、いまでも忘れられません。

「古賀君、僕は本当に寂しいよ。君は担当課長じゃないか。世の中から『こんな財団はいらない!』と言って、叩きに叩かれても、最後まで体を張って規制を守るのが担当課長の仕事だろう? この事業については、まだ誰も撤廃しろとは言ってないのに、自分から不要だと言い出すなんて。君は冷たい人間だなぁ。僕は本当に寂しいよ」

正確には覚えていませんが、そんなようなことを言われました。

国益のためになることをしても、それが省益を潰すことであったら、霞が関は嘆くのです。「よくやった」と褒められこそすれ、嘆かれるいわれはないと、暗澹《あんたん》たる思いでした。

経産省だけではなくどの省庁にもある、こういう霞が関の体質は、不景気風が吹きまくっているいまも、いや、そういう時代だからこそ、既得権を守らなければという気持ちが強まり、まったく変わっていません。そこにこそ私は、「このままだと、日本はダメになる」と危機感を覚えます。

日本経済が底なし沼に落ち込んでいくなかで、民間企業は生き残りを賭け、年功序列を廃止して能力主義・成果主義を導入するとともに、優秀な人材の抜擢による事業再生を図り、一方で人件費を削ったり、社宅や福利厚生施設などを整理したりしています。

役人だけがそんな状況もお構いなしで、自分たちの利権を手放すどころか拡大させることばかり考えていていいはずはありません。それよりも、日本再生のための斬新なアイデアを出すことが求められているのです。

政権党になった民主党の変心

公務員労組が怖くて金縛り状態

二〇〇九年九月に政権交代が実現し、鳩山由紀夫氏を首班とする民主党政権が誕生しました。

民主党が掲げたのは、政治主導、脱官僚、そして天下り根絶……これらはとりもなおさず、国家公務員制度を抜本的に改革するという意欲があることを意味します。だから、私は大きな期待を寄せていました。

その半年ほど前に、私たちがまとめた国家公務員法改正案に反対したのは民主党でしたが、それは「自民党政権に公務員改革はできない。民主党がもっと先進的な改革をやる！」という意思表示だったようにも思えました。

しかし、それは買いかぶりであったことが、すぐにわかりました。このことは、私が仙谷官房長官から国会で恫喝される一幕に至った経緯として1章で述べた通りです。ただ、みなさんのなかにはまだ、大きな疑問が残っていますよね？

「民主党はどうして、変心したのか」——。

一つ大きいのは、やはり公務員労働組合との関係でしょう。民主党の個々の議員にとって、組合は大きな支持母体。選挙のときには、なくてはならない存在なのです。

その労組は、公務員の身分を守ることが使命です。自分たちの生活保障の土台が揺らぐ変革に対して、ものすごく抵抗します。「改革なんて、断固、阻止してやる」という勢いです。なので、「民主党が改革をするのなら、今後いっさい支援してあげないからね」などと睨《にら》みをきかせることくらい、朝飯前なんです。

そんなこと、民主党は百も承知だったはずです。それなのに、改革派を中心とする議員たちは組合を甘く見ていたのか、改革がそんなに組合を怒らせるものだとは思わなかったのか、「改革、改革」と叫んだとたんに強烈な圧力をかけられました。

思えば、私が国家公務員法の改正に取り組んでいたときから、組合の影響力が及び始めたのかもしれません。当時は野党だった民主党の「スリーM」と呼ばれた人たち（松本剛明《たけあき》、松井孝治、馬淵澄夫の三氏）が、国会で国家公務員制度改革推進本部事務局の守旧派が画策していることを叩いてくれていたのですが、組合が改革に異を唱えたとたんに、質問の矛先《ほこさき》が鈍ってしまった。そういうこともありました。事務局の少数派である改革派としては、彼らが改革の追い風になってくれると喜んだのもつかの間、ハシゴをはずされた気分になったことを覚えています。

財務省に取り込まれた民主党

民主党の変心は、組合の問題だけではありません。私が思うに、民主党はかなり早い時期に、財務省に取り込まれてしまったようです。

その背景には、政権交代の時期が悪かったという、ある意味でお気の毒な事情もありました。民主党政権が誕生したのは九月半ばで、各省の年度予算の概算要求がすでに財務省に提出された後だったからです。

年度予算の作成手順では通常、八月半ばまでに各省で詰め、同月末までに概算要求というカタチで財務省に送られます。財務省は十二月下旬までにそれを査定して、予算案を翌年一月に国会に提出するわけです。ようするに、一から見直すには、時間が足りなかったということです。

しかも、民主党はこれまで、予算編成をやったことがありません。どんな仕事も初めて経験するときは時間がかかるものですから、自力でやるのはほぼ不可能だったと言えるでしょう。もっとも、予算案提出を翌年の二月くらいまで延ばすことは、できない相談ではなかったのですが。

困った民主党は財務省に協力を依頼するしかない。ただ、自分の意思を通そうとしても、民主党の主張は「自民党時代と大きく違わなければいけないんだ」ということだけ。単純に言えば、財務省に対して「どこを削って、どこを増やせ」といった提案も指示もできなかったのです。

そうなるともう、財務省の思うがままです。「財務省を敵に回したら、大変なことになるぞ」という民主党の恐れが、その後の路線変更につながったのだと思います。

財務省の力を象徴する官房副長官補というポスト

財務省の話が出てきたので、ここで財務官僚について触れておきましょう。

「官僚主導」というとき、あたかも何か「霞が関帝国」とか「官僚帝国」といった巨大組織があるように、おどろおどろしく書かれることがあります。実際には、そんなものはありません。

「大きな力を持つ役所」という意味では、財務省がそれに当たりますが、だからといって財務省が官僚社会を完全に牛耳っているわけではありません。各省庁は他省庁とは関係なく、それぞれ自分たちの「省益最優先」という価値観のなかで物事を考え、判断し、それに沿って政策を動かそうとしています。

ただし、そのときに予算や税制といった財務的な面から、財務省の影響を強く受けるのはたしかです。それでも牛耳られているというより、対抗関係にあると言ったほうが適切です。各省庁がたとえば、族議員と結託することで、より多くの予算を獲得しようとしたり、新しい政策を実現しようとする、といったことは多々あります。

族議員とは、特定の政策分野を得意とする国会議員のことです。「道路族」とか「文教族」「郵政族」などと呼ばれ、その業界の利益の代弁者的役割を担っています。

財務省が「霞が関の帝王」的役割を果たすのは、天下りのような各省庁全体の利益に関わる問題が生じて、一枚岩になって抵抗するときです。民主党は「予算のときだけ財務省に取り入ればいいや」と考えたのかもしれませんが、甘かったですね。霞が関全体が改革に抵抗しているのですから、財務省に妥協した時点で、すべての省庁の官僚に取り込まれたも同然だったのです。

さて、その財務省の力を象徴するのが、官房副長官と官房副長官補というポストです。

官房副長官というのはその名の通り、官房長官を補佐する役回りの人です。官房長官は内閣官房のトップである大臣で、総理と一心同体になって内閣を動かすという重要な役割を担っています。当然、それに次ぐ副長官も重いポストです。

この副長官には従来、衆参両院の議員が一人ずつと、官僚出身者が任命されます。といっても、あくまでも慣例に過ぎず、法律で決められているわけではありません。

そして、官房副長官の下に、官房副長官補という役職があって、やはり官僚出身の高官が三人います。内一名は、慣例で財務省出身者の指定席となっています。

こういう仕組みですから、仮に経済財政問題で、総理が財務省とは異なる考えを官房長官に指示しても、それを実現するのはとても難しいのが実情です。なぜなら、官房長官を支える事務の副長官は、財務省から来ている副長官補の意向を無視して動くことは事実上できないからです。

それは、財務省の担当分野に限ったことではありません。総理の指示が官僚の既得権を奪う恐れのあるものであれば、財務省の副長官補と副長官が各省庁と結束して、それこそ一枚岩になってサボタージュに出ることもあるのです。

つまり、行政の中枢を仕切っているのは、事務の官房副長官とそれを支える財務省出身の副長官補だ、ということです。

実際、マスコミの注目は事務の官房副長官に集まることが多く、政治家の官房副長官は存在感がきわめて薄いものでした。

その意味では、民主党政権になった当初、この図式は大きく変わったように見えました。鳩山政権では政治家（参議院議員）の松井孝治官房副長官の名前が、頻繁にマスコミに登場しましたから。

でも、それも長くは続かず、「通産省出身の過去官僚の松井さんも財務官僚に取り込まれたな」という見方が強くなりました。以後、菅内閣になってからも、政務の官房副長官は「影が薄い」という印象が拭《ぬぐ》えません。

「民主党政権は財務省に依存することによって、〝安全運転〟を試みている」

それが妥当なところでしょう。

分岐点だった日本郵政の社長人事

話を天下りに戻しましょう。組合の金縛りに遭い、財務省に取り込まれた民主党政権は、「天下り根絶」どころか、逆に拡大させているくらいです。

そのことを顕著に示すのが、二〇一〇年に菅政権で閣議決定された、国家公務員の

「退職管理基本方針」です。一言で言えばこれは、官僚の現役出向・派遣を容認するもの。「カタチを変えた天下り」です。前に、同期の送別会のところで触れましたね。

この「新種の天下り技術」について説明する前に、まず、民主党が天下り根絶から拡大へと変節した分かれ道を探ってみましょう。

事の発端は、安倍内閣時代に、退職にともなう天下りの斡旋《あっせん》が禁止されたことです。そこで生み出されたのが、「裏下り」なるものです。定義上、「天下りの斡旋」というのは、役所の人が斡旋することを意味します。それを逆手に取って、「いやいや、役所は斡旋していませんよ」と言いながら、巧妙に裏で斡旋するのです。

その典型的な例が、二〇〇九年の郵政人事です。野党時代は「裏下り」や「渡り」を批判していた民主党が、日本郵政の社長に元大蔵事務次官の斎藤次郎氏を据えました。

マスコミによればこれは国民新党代表の亀井静香氏が小沢一郎氏の歓心を買うために行った人事とされていて、民主党は「脱官僚、天下り根絶というのは口だけだったのか！」という厳しい批判にさらされました。当然ですね。そのときの鳩山総理の答弁は、苦しい限り。

「斎藤さんは元大蔵官僚ですが、退官後十四年間は民間に勤務していたので、天下りや渡りではありません。それに、役所による斡旋でもない。日本郵政は国が全株を保有していますから、国として誰かを選任する必要があります。斡旋と選任は違います」

何という詭弁《きべん》でしょう。鳩山総理の言う「民間」とは、東京金融先物取引所のこと。民営化された二〇〇四年以前、つまり斎藤氏がトップだったときは、大蔵省が所管する外郭団体でした。事実とも違います。

加えて、「政治家がやれば、天下りは許されるのか」という問題があります。

一方で、日本郵政の副社長に就任した坂篤郎《あつお》氏には、やはり大蔵省OBで官房副長官補だったという〝天下り疑惑〟だけではなく、もう一つの問題が浮上しました。坂氏が前に務めていたのは損保協会の副会長なのですが、その後任に元国税庁長官の牧野治郎氏を据えたことです。このポストは代々、財務官僚の指定席なのです。

それで、「これはどう見ても、財務省の人事だ」と批判の的になりました。こういうときに「いえいえ、ウチは知りません」と平然ととぼけるのは、官僚の得意ワザです。そこで、みんなの党の山内康一衆議院議員が「損保協会の人事は天下りだろう」と問い質す質問主意書を、国会に提出しました。そうなると、民主党は閣議決定をして答えなければなりません。どう弁明したか。

「国家公務員法で禁止されている天下りの斡旋には当たりません。職員に聞いてみたところ、役所は斡旋していないとのことでした。内実は、坂さんが牧野さんに『ウチにこない？』と紹介しただけの話で、財務省は何も関係していません」

この答弁が意味するのは、「前任者の財務省ＯＢが再就職を斡旋する分には天下りではありませんよ」ということです。そういう手法なら、表向きは役所が関与していないように見せかけて、いくらでも天下りを認めることができます。

こういうことにかけては、官僚たちは非常に能力を発揮します。官僚によるこういった「天下りの技術革新（イノベーション）」を前に、民主党は抵抗する術《すべ》がなかった。財務官僚からみるとまるで「赤子の手をひねる」ようなものだったのかもしれません。

いずれにせよ、民主党は日本郵政人事で、これだけの〝天下りの抜け道〟を容認してしまいました。振り返ればここが、天下りの「根絶」から「拡大」へ、ひいては「脱官僚」から「官僚丸投げ」へと変節していった分岐点だったような気がします。

新種の「天下り技術」を開発

そこで、「退職管理基本方針」です。この方針で、五十歳前後の退職が近づいた官僚が現役のまま独立行政法人に出向したり、民間企業に派遣されたりすることを認めた、その理屈はこうです。

「国家公務員法改正で禁止されているのは、退職にともなう天下り斡旋である。よって、退職していない現役官僚の出向や派遣は天下りに当たらない」

論理的にはそうだとしても、現実には天下り同様、ポストを維持するためにムダな仕事を増やしたり、民間企業との間に癒着が生まれたりする可能性は高いのです。

たしかに、民間企業への現役派遣など、官民交流そのものは「官民交流法」という法律で認められています。ただし、その目的は「若い職員に民間で経験を積ませ、将来、役所に戻ってそれを活かす」ことだと明記されています。

となれば、退職を前にした五十歳を過ぎた官僚は、官民交流の対象外です。本来なら、法律を改正しなければ、派遣してはいけないのです。でも、そんなことをすると、法律改正の国会審議の場で企《たくら》みがバレて、批判を浴びるのは必至ですよね？

これをわからないように、こっそりやってしまうのがまた、官僚の狡猾《こうかつ》なところでしょう。具体的には、発表時期をずらしながら、内容を〝小出し〟にしていくのです。

この派遣に関してはまず、官民交流の目的のすり替えが行われました。「退職管理基本方針」の中では「中高年期の職員の専門的な知識・経験を外部機関のニーズに応じて活用するとともに……」と記しただけで、具体的に何をするのかは書かれていません。

それがわかるのは、約二カ月後のお盆休みの時期に出された「官民人事交流関係人事院規則の一部改正等について」という文書です、この「等」がクセモノで、実は「表題の規則そのものの改正よりもっと重要なことがありますよ」という意味なのです。こんなのは霞が関の人間にしかわかりませんから、たいていの場合、見逃されます。

このとき行われたのは、「官僚がいまいる部や局の所管業界でなければ、派遣してもいいですよ」という改正です。経産省の官僚であるなら、たとえば「いま資源エネルギー庁に所属している場合は、電力会社には派遣してはいけません。でも、自動車会社なら、自動車課長経験者でも派遣してかまいませんよ」ということになります。

それまでは、各省庁の部長・審議官クラス以上の幹部職員を、所属官庁の所管業界へ派遣することは事実上、禁止されていました。ここをゆるめると、霞が関・民間企業双方にとって影響が大きいからです。今回の改正で、その〝禁じ手〟が破られることになってしまいました。

さらに問題なのは、「適切な運用の確保のための対応」という項目です。ここには、「民間企業への派遣終了後に、派遣されていた企業に再就職することを認める」と書かれています。どういうことか。

仮に、五十五歳の官僚を民間企業に派遣したとします。原則は三年ですが、何か適当な理由をつければ五年まで延長できます。そうして役所に帰ってくるのが六十歳、じきに定年です。ふつうなら、その官僚は派遣期間分も加算した退職金をもらい、天下り先を探してもらうことになりますが、そんな必要はありません。

なぜなら、その官僚が民間企業と「派遣期間終了後もそのままここに残りたい」と約束しておけば、いったん役所に戻って、定年になった翌日からその企業に勤めることが可能だからです。役所にしたって、天下りポストを探してあげる手間が省けて、一石二鳥です。文書にはもちろん、そういうことを「やっていい」とはっきりは書いてありませんが、実際にはできるように書いてあるのです。

この天下りの〝最新技術〟を駆使して、役所はうまく天下り禁止の法の網の目をくぐり抜けるでしょう。誰かに「おかしいじゃないか」と指摘されても、「役所は派遣しただけで、天下りの斡旋なんかしていませんよ。本人が勝手に企業と再就職の約束をしたんです」と言えばすむわけです。

現役のまま民間会社に派遣するという手法は、最近かなり増えてきました。私自身も「大臣官房付」の時に、その要請を受けましたが、もちろん断りました。いまも、一生懸命、批判の声をあげているところですが、まだ「証拠がない」のが実情です。

官僚が現役派遣された民間会社に再就職したという事例が、まだないからです。五年たてばそういう事例がたくさん出てくるのは確実ですが、「たしかにやった」と見届けて、その事実を突きつけないうちは、いくら「やるはずだ」と言っても、「そんなこと、夢にも考えていません」とシラを切り通す。それが霞が関です。

ほかにもあります。二〇〇九年の秋に独立行政法人の役員ポストに公募が義務付けられるようになったにもかかわらず、「現役出向の場合はその限りにあらず」という但し書きが加えられました。

上位のポストがない部長職以上の幹部、言い換えれば〝窓際族〟を高給で遇するために、上位の「専門スタッフ職」というものが新設されることも加えられています。ただ、このポストを作るには、給与法という法律の改正が必要です。私が強く批判したこともあって、まだこの改正は実現していません。しかし、この後にお話しするとおり官僚はその機会を虎視眈々《こしたんたん》と狙っています。天下りに代表される公務員の身分保障をより強化・拡大する施策のオンパレードです。

こんなふうに、国家公務員制度改革はいま、私たちが目指してきたところから、どんどん逆行しています。

禁止されても、禁止されても、抜け道を探して生き残る天下りという仕組み。待ったなしで国家公務員制度改革を断行し、その「技術開発」の息の根を完全に止めなければならないのです。

野田政権も改革逆行内閣

官僚が政権構想に潜り込ませた政策

野田内閣が誕生して、鳩山、菅両内閣に比べて地味だけど着実に政策が進められるのではないかという期待が高まったように見えます。これまでの民主党の総理に比べて野田氏のほうが人間的にバランスがとれていて、変なパフォーマンスに走らず、官僚ともうまくやって行政が混乱することもないのではないか。そんな風に国民は期待したのだと思います。

しかし、表向き大きな混乱がないからと言って、政策が良い方向に進んでいるとは限りません。自民党時代のほうが、民主党政権になってからよりも国民にすぐ見えるような混乱は少なかったと思いませんか？　でも、過去二十年間日本の経済は沈みっぱなしで、先進国で最も貧しいグループに転落しつつあります。野田氏は「党内宥《ゆう》和《わ》」を最優先する姿勢を示していますが、それは、大きな変革はしないということにつながります。なぜなら大きな改革をしようとすれば、賛成・反対双方の議論が当然ヒートアップして党内に亀裂が走ることが必至だからです。野田氏は、官僚とも仲良くやって行こうという方針です。しかし、官僚と仲良くするためには、官僚が絶対にダメだという政策はとれません。

混乱を恐れ、対立を避け、官僚との戦いからは逃げる。そういう方針では改革は進むはずがありませんよね。

とくに、官僚が嫌がることが出来ないというのは、いまの日本にとっては致命的です。野田内閣は、どうも、官僚に操《あやつ》られ、改革をするどころか改革に逆行する政権になって行く可能性が高いというのが、私の見方です。

その例をいくつか挙げましょう。

まず、野田氏が民主党代表選で掲げた「政権構想」に早くも官僚言いなりの政策が盛り込まれていました。それは「高位スタッフ」というポストを作るというものです。これは、前に少し述べた話と関連しています。後にも人事院との関係で紹介しますが、天下りがやりにくくなった状況の下で、どうやって五十代以上の官僚の処遇をするかという問題です。

ポストの数は限られているので、普通に考えれば、早めに辞めてもらうとか、役職定年制を導入して役職から離れてもらうとか、そもそも年を取ったからと言って昇格させるようなことはせず、五十歳でも出来が悪ければ係長のままにしておくというようにすればよいのですが、年功序列を一番大切にする官僚たちにはそういう発想は出て来ません。

五十歳になって、一部の同期が部長になったら、他の同期も出来の良し悪しにかかわらず同じ給料をもらうべきだと考えます。そこで思いついたのが、「高位スタッフ」です。

つまり、別に新たな仕事が増えた訳でもないのに、幹部になれない人、あるいは一度幹部になったけどもう辞めてもらいたい人たちの処遇のために、「高位スタッフ」というポストを作って、そのポストに就いてもらうことで定年まで高い給料を払えるようにしよう、ということです。

一言で言えば「高給窓際ポスト」です。こんな構想を、よりによって政権構想のなかに盛り込んでいたのです。びっくり仰天とはこのことですよね。こんなことを野田氏が思いつくはずがありません。官僚がそっと潜り込ませたとしか考えられません。つまり、政権構想を作るときから野田氏は官僚の言いなり、あるいは官僚に騙されていたとしか思えないのです。政権構想に書いた以上、野田氏はこの構想をやらざるを得なくなってしまいました。出だし、いやその手前で早くもつまずいてしまったのです。

公務員宿舎問題で暴露された野田内閣の本質

そして、みなさんおなじみの朝霞の公務員宿舎の建設再開。これも驚きましたよね。驚いたというより呆れかえったという人が多いのではないでしょうか。実はこの建設凍結を解除する方針を決めたのは昨年十二月のこと。予算編成が終わり、みんなの目が予算に集中して、その後はクリスマスとお正月、という時期を狙って目立たないように解除されたのです。官僚がよくやる手口です。その時の財務大臣が野田氏。そして朝霞の公務員宿舎建設を事業仕分けで凍結！　と声高らかに宣言していた枝野氏は官房長官だったのです。

そして、実際に建設を再開したのが今年の九月一日、野田総理が組閣作業に入った日。世間の目がそちらに集まっている日を狙ったのです。またか、という思いでした。私たちは新聞やテレビ、雑誌などで思い切り批判しました。私は『みのもんたの朝ズバッ！』（ＴＢＳ）で五十嵐財務副大臣と対談しましたが、五十嵐氏は公務員宿舎問題では、財務省に教えてもらった屁理屈を並べただけで全くまともな反論ができませんでした。最後は反論を諦めていましたね。

野田氏も同じ過ちを犯したのでしょう。つまり、官僚と同じ土俵で議論すると、いかにももっともらしい理屈を並べられるので、ついつい「ああ、そうなのか」とうなずいてしまったのです。ところが、そんなちまちました理屈は無視して、果たしてこれは国民から見たら、あるいは、一人の人間として考えたらどうなのか、という視点で考えれば、震災復興で国民に増税をお願いする時に公務員宿舎を建設することがどういうことを意味するのか、簡単にわかったはずです。

だから、批判されたらすぐに建設再開を撤回して、また凍結してしまったのです。つまり、よく考えたら間違いだということがわかったということでしょう。誰でもわかることを、官僚に簡単に丸めこまれて間違った判断をしてしまう。それが野田内閣の本質を物語っています。

ちなみに、建設再開後、既成事実作りを焦った財務省は、何とその直後にあの大被害をもたらした台風15号の暴風雨のさなかにも工事をさせていたというのですから、本当に驚いてしまいました。震災被災地の復興は遅れに遅れているのに、自分たちの利益のためには危険も顧《かえり》みず工事を続ける。その執念には誰も勝てませんね。おかげで、わずか数日のあいだに三十年かけて育った自然の森の樹木は大半が伐採され、無残な更地にされてしまいました。これで「自然を残したい」という声を封じることが出来るという計算なのです。

住民の声なんかどうでもよい。そう考えているとしか思えません。現に、わざわざ現地を訪れた野田総理は、裏口からこっそり出入りして住民と会うことはしなかったのです。信じられますか？　わざわざ朝霞まで行って、説明は財務省の関東財務局の幹部から聞いていたというのですから開いた口がふさがらないでしょう？　つまり、これも役所が考えた単なるパフォーマンスなのです。なんともお粗末な政治ショーではありませんか。民間人がやればもっとましなストーリーが描けると思いませんか。

あらゆる問題が先延ばしに……

もう一つ簡単に触れておきます。それは地方にある各省庁の出先機関のための庁舎建設の話です。そもそも民主党は各省庁の地方の出先機関を廃止すると言っていました。地域主権を実現するための重要な政策の一つです。廃止するのですから、その庁舎を建設する必要などありませんよね。だから建設は凍結されていました。

ところが、昨年末の予算編成の時に、この方針も撤回し、地方庁舎の建設の予算を認めてしまったのです。もちろん、この時の財務大臣は野田氏。官房長官は枝野氏です。これも公務員宿舎と同じ構図ですね。国会で追及されたら、これまた一日で「精査する」と方針を変更しました。

ところで、野田内閣の特徴として、混乱や対立を避ける、ということを言いましたが、これはあらゆる問題を先延ばしにするということにつながります。ただ、先延ばしというのは国民受けが悪いですから、先延ばしにしたということをなるべくわかりにくくして、いかにも何かを決めたように見せながら、実は何も決めていないという、そういう発表の仕方がこれからもされると思います。

例えばＴＰＰ。おそらく野田内閣は、ＴＰＰの交渉に参加することを決めたというでしょう。しかし、あえてそのための具体的な議論はいまのところ避けています。参加するのはいいけど、参加してどうするつもりなのか、そういうことについてはおそらくこれから考えます、と言って問題解決を先送りするでしょう。

おそらく次の選挙よりも後まで、いろいろな結論を出さなくてもいいように、と考えているのではないかと思います。こういう時に能力を発揮するのが官僚です。元経産官僚で「政策工房」代表の原英史《えいじ》氏の著書『官僚のレトリック』（新潮社）にそういう手口が詳細に解説されていますが、私たちは政府の発表やそれをそのまま伝えるマスコミの報道に騙されないように、よくよく注意しながら見て行かなければなりません。

先延ばしというのは、決断できないということの裏返しです。アメリカの元国務省東アジア・太平洋局日本部長のケビン・メア氏が『決断できない日本』（文春新書）という本を書かれましたが、まさにその通りですね。

だから優秀な若手が辞めていく

ジレンマに陥る優秀な若手

役所に限らず、どんな組織でも、ポストが上にいくにしたがって、自分のやりたいように仕事ができる裁量権が大きくなっていきます。

逆に言えば、下っ端のうちは上司が「よし、やってみろ」と言ってくれないと、なかなか自分の思い通りの仕事はできないものです。上司に恵まれた人は、若いうちからある程度やりたいことをやらせてもらえますが、それでも「君に任せる」というところまではいかないでしょう。

だからこそ、「出世したい」と思う。それが自然な流れです。あるときは上司の無理解に阻《はば》まれ、あるときは幸運にも自分の企画やアイデアが採用され、あるときはいい仕事をさせてもらうチャンスを与えられ……そういうことの繰り返しのなかで経験を積み、いい結果を出しながら、少しずつ自分で裁量できる範囲を増やしていく。出世のプロセスとは、本来、そういうものです。

けれども、優秀な人材を評価する組織の側の観点が、明らかに間違っていたとしたら、どうでしょうか？　正しい方向でがんばる、本当は優秀な若手が「ダメ社員」の烙印《らくいん》を押され続けます。「君に任せるわけにはいかない」と、裁量権も与えられません。

そうなると、優秀な人材は自分の正しいと思う仕事、やりたい仕事をあきらめて、出世のために組織に迎合《げいごう》するか、あるいは「やってられないよ」と辞めるか。選択肢は二つに一つでしょう。

いずれにしても結局は、間違った方向でがんばる人材を増やし、本当に優秀な人材を流出させることになります。

霞が関で起こっているのは、まさにこういうこと。つまり、「国のため、国民のために働きたい」と考える高い志を持った優秀な人材が、「出世して、やりたいことを自由にできる立場になりたい。でも、出世するためには、省益優先の仕事をして評価されなければならない」

というジレンマに陥っているのです。

そして、出世を優先する官僚たちが組織に飼い慣らされ、本当に優秀な人材がどんどん辞めていく。霞が関の堕落に歯止めがきかない最大の要因は、ひとえに省益でしか評価しない仕組みになっていることだと言っていいでしょう。

加えて、若手の抜擢が進まないのは、「上のポストに空きがない」という現実もあります。

能なし幹部の老害

繰り返しますが、霞が関の人事は「年功序列」が基本です。ということは、能力も実績もないのに、同期と横並びで昇進した人が必ず存在することになります。

ここまで読んできてまだ、「官僚は優秀な人たちなんだから、能力のない人って、いても少数じゃあないの？」なんて思っている人はいないですよね？

能なし幹部は少数どころか、多数派と言ってもいい。これを証明するのは難しいのですが、私の実感では、キャリアの部長・審議官級で二割、ノンキャリの課長補佐クラスで一割五分〜二割は、はっきり言って「どうしようもない人たち」だと見て、差し支えないと思います。

しかも、キャリアの幹部のなかには、「どうしようもない」とまでは言わないけれど、「国民のためよりも自分たちの利益を優先している」と思われる者が七割程度はいると考えていいでしょう。これも能なし幹部の内です。

つまり、「自分たちの利益を犠牲にしてでも、国民のためを思って働ける幹部官僚は、一割ほどしかいないわけです。いや、もっと少ないというのが実感です。そんな人を探すのは極めて難しく、私はほとんど会ったことがありません。

そんな状況ですから、若手・中堅の官僚たちは「使えない上司に仕える悲劇」を味わうことになります。先日も中堅どころの優秀な官僚が、自分の上司のことを嘆いていました。

「あんな木偶《でく》の坊をクビにしてくれれば、ムダな仕事は減るし、大事な仕事は三倍、いや十倍のスピードでできますよ」

まことに気の毒だと思いました。

彼が言うように、厳格な評価も受けず、能力もないのに昇進した幹部がいると、その組織のパフォーマンスは極端に悪くなります。そういう能なし幹部にはまず、国民のために、社会のために、あるいは経済のために、といった発想はないのがふつうです。したがって、何となく局長や次官、大臣などの顔色をうかがいながら、その場その場で自分のやることを決めていきます。

当然、先の見通しなどありませんから、特別な指示がなければ何もせず、何も考えず、無為に時間を過ごします。それでいて部下には、「白いキャンバスに絵を描くつもりで、やりたいことがあったら思い切って提案してくれ」などと太っ腹なところを見せることもあります。

けれども、自分自身に何の考えもなく、勉強もしていないので、部下が新しい提案をしても、それを評価することができません。「なるほど、おもしろいねぇ」と感想を述べるだけで、「もう少し、考えてみてよ」と言っておしまい。万が一にも、その提案が実行に移されることはありません。

一方で、上司から何かご下問があると、それを金科玉条のごとく考えて、できもしないのに安請け合いする傾向があります。もちろん、部下に丸投げです。自分では何もせずに、「早くやれ」「もっといい知恵はないのか」などとせっつき、思うような答えが出ないと部下に八つ当たりしたりします。

あと、政治家のところに行くのが大好きで、何か頼まれると何でも請け負う人もいます。それで部下に「できません」と言われると、何とか面子《メンツ》を保つためにいい方策はないかと、ものすごいエネルギーを費やすこともあります。たいていは「できない理由」をいっぱい考え出して、問題をすり替える方向で。能なし幹部でもこういう能力はけっこう高い場合がよくあります。

かと思うと逆に、政治家が大の苦手で、政治家に働きかけなければならない大事な案件があっても、まったく動かない人もいます。

幹部がこういう仕事のやり方ですから、大きな改革などできるわけがないのです。それどころか、ムダな仕事を温存し、天下り先を死守するためにはものすごく努力します。難しそうな課題を人に押し付けるのもうまい。周りからも「こういうときだけはすごい知恵が出るんだな」と感心されることもしばしばです。

優秀な人材の流出が止まらない

たまらないのは、こんな能なし幹部の下で働かなければならない若手職員です。前出の彼のように、ムダな仕事ばかりやらされて疲れ切り、仕事に嫌気がさしてしまいます。「この先、何十年もこんな人たちといっしょに仕事をしても、何の意味もないな」と考えてしまいます。

現に最近は、優秀な若手職員ほど、「自分はこの役所にいて、何を身に付けられるのだろう」と悩んでしまうようです。というのも、学生時代の友人たちのほうが、ずっと輝いて見えるからです。

たとえば、外資のコンサルティング会社などに就職した友人が、わずか数年で高度なスキルを身に付けてバリバリ働いている。そんな姿と比較して、自分はなんてつまらないことに時間を空費しているのかと、焦燥感に囚《とら》われる。あるいは、公務員の給料がいつの間にか民間より高くなったとはいえ、外資や一流の大企業に比べればまだまだ安い、といったことへの不満もあるかもしれません。

それに、たとえ幸運にも「改革を一生懸命やっていて立派だな」などと思える上司に巡り会えたとしても、その上司は干される、飛ばされるで、いなくなってしまう場合がほとんどです。優秀な人よりも能なし幹部のほうが出世する現実を前にしたら、仕事に対する情熱がしぼんで当たり前でしょう。

そんなこんなで「仕事がつまらない」「将来に夢が持てない」「次官を見てもまったく魅力がない」と感じる頻度《ひんど》が増し、入省後ほどなく辞めていく例が急増しているのです。

しかも、辞めた官僚がつぶやく「官僚になっても、つまらないよ」といった情報は、就職活動を前にした学生たちの間に、みるみるうちに広がっていきます。それによって「霞が関はもはや魅力的な職場ではない」ということが常識化しつつあります。今後霞が関は、優秀な人材の就職先の選択肢からはずれていくことさえ懸念《けねん》されます。

　このように、日本の中枢たる霞が関が「優秀な人材の流出が止まらない」という問題を内包していることは、即ち国家の危機を意味します。若手が仕事に対するやりがいと誇りを持てるようにするためには、幹部にこそ大改革が必要なのです。

　日本経済が順調に発展していた時期なら、能なし幹部が多くても、まだやっていけました。そんなに知恵を絞る場面も多くなかったでしょうから。

　しかし、今日のような、困難な課題が山積していて一刻の猶予もなく改革することが求められる時代は、一人でも多くの優秀な人材が必要です。能なし幹部を置いておく余裕などないのです。

　だから、能なし幹部は即刻、整理するべきです。それが、国民のために働きたいと願う若手職員を埋もれさせないことになり、能なし幹部が撒《ま》き散らす老害から国民を守ることになるのです。

4章　政治家はこうして官僚にからめとられていく

官僚は政治家より偉いのか

行政は本来、「政治主導」が当たり前

いつごろからでしょうか。行政について「政治主導か官僚主導か」ということが、よく話題にされるようになりました。

折しも、民主党は「政治主導」「脱官僚」を掲げ、多くの国民が「そうだ、そうだ」と支持。歴史的な政権交代が起きました。

それはいいのですが、ちょっと変だと思いませんか？　なぜなら、行政はそもそも「政治主導」に決まっているからです。憲法上の仕組みで、政治家が「主」で、官僚が「従」と、ちゃんと主従関係・上下関係が定められているのです。

それなのに、ことさら「政治主導」と言わなければならないところに、日本の行政のだらしなさが表れているように思えてなりません。

民主党が「政治主導」という言葉を持ち出したのも、行政が実態として官僚主導に

なっていることに対するアンチテーゼにほかなりません。そのメッセージに、「ほんと、日本って官僚が強いよね」と反感を抱いていた国民が賛同した、ということです。でも、日本だけなんですよ。いちいち「政治家が行政を主導します」なんてことを主張しなくてはいけないのは。

ですから、政治主導自体は政策でも何でもありません。やって当然のことです。重要なのは、政治主導によって、何をするか、ということなのです。

次項で詳しく見ていきますが、結果的に民主党は政治主導に失敗しました。それで困るのは、民主党の体たらくぶりを目の当たりにした国民の間に、何となく「官僚主導のほうがいいんじゃないの?」という空気が蔓延していくことです。

そのことがまた、「結局、自民党時代のほうがよかったよね」という揺り戻しを起こす可能性があります。そうなっても、自民党がある程度変わって、政権を取り戻すのならいいのですが、あまり期待はできません。

そもそも、官僚をのさばらせてしまったのは、自民党の議員たちなのですから、その体質を改善するのは容易なことではないのです。それでも「やっぱり自民党かなぁ。

官僚とうまくやっていけるもんね」となっていくと、また「官僚のほうがいいんじゃないの？」というのがテーマになってくるわけです。

そういう事態だけは、何としても避けなければなりません。繰り返しますが、行政は、「主」たる政治家が「従」たる官僚を使って、国の利益と国民の幸せのために政策を策定・実行していくプロセスなのです。

では、政治主導の本来あるべき姿とは、どういうものでしょうか。端的に言うと、こういうことです。

「政治家は日ごろから、国民生活をより向上させるための重要課題や、国をより発展させるための中長期的課題をしっかり認識しながら、広い視野から政策の方向性を決定する。

一方で官僚は、その政策を具体化するよう、資料や情報を集め、研究や議論を重ねる。そうして集積した専門知識をベースに、状況に適した具体的な政策の選択肢を複数政治家に提案する。

政治家はそれらの情報・知識と提案をもとに、官僚とは異なる考えを持つほかの専門家や国民の声を聞きながら、総合的に判断して結論を出す」

　この論理にのっとれば、仮にその結論が官僚の提案とは異なるものであっても、政治家はしっかりと方向性を示して、官僚に実行させなければいけません。そして、その政策に対して、政治家が全責任を持つ。それが、政治主導であり、政治家のリーダーシップなのです。

官僚は政治家をバカにしている？

　残念ながら、現在の行政は政治主導とはほど遠いものです。すでに多くの人たちが、「官僚のほうが政治家より力を持っている」ことに気づいています。だからでしょう、こんな質問をよく受けます。

「官僚って、本音では政治家をどう思っているのですか？」

　こんなことは言いたくないけれど、たぶん官僚たちの多くが心のどこかで政治家をバカにしていると思いますね。実際、政治家について「立派ですね」という話はほとんど聞いたことがなく、逆にバカにする話はしょっちゅう耳にしますから。

では、何をもって「立派」か「バカ」かを判断するか。その物差しは、各省庁が担当する分野の知識と、政策に対する理解力の有無でしょうか。ある程度知識があって、役人の言うことを理解できると、その政治家は官僚から「すばらしい」と評価されます。たとえば、与謝野馨氏とか林芳正氏とか、元でも現でも自民党の幹部の人たちは、おおむね上々の評判だったように思います。

ただし、知識があるだけでは足りないんです。官僚が言うことに対して、「その通りだな」と答える政治家でないと、「立派な政治家だ」とはなりません。逆に、官僚の言い分を否定する政治家は、「頭、悪いんじゃないの」と思われてしまうのです。

ようするに、官僚というのは、「自分たちのほうが政治家より上だ」という意識を非常に強く持っているものなのです。

官僚たちのこの考え方は、根本のところで間違っています。

たしかに、知識は官僚のほうが豊富なことも多いでしょう。政治家のなかにも族議員のように、特定の分野について広く深い知識を有する人もいますが、それは稀《まれ》な例。ふつう、官僚ほどの知識がないのは、当たり前のことです。

なぜなら、前に述べたように、「資料や情報を集めて、研究を重ねて専門知識を集積していく」ことこそが、官僚の仕事だからです。

一方、政治家の仕事は知識を蓄積することではなく、官僚や専門家、有識者からの情報・知識・考え方を踏まえて、大局的に政策を決めることです。極言すれば、知識などなくとも、状況判断力とリーダーシップが発揮されればいい。そこに政治家の優劣を決する要素があるのです。

政治主導を実現するためには、政治家たちが官僚たちの誤った価値観を正し、思い上がりを制することも、ポイントの一つと言えそうです。

事業仕分けは政治家がやることではない

民主党政権では当初、国の事業のムダを削減するために設置された行政刷新会議が行った「事業仕分け」が話題になりました。ご存じの通り、これは各省の事業について、必要性があるか、国がやるべきかなどを公開でチェックしていくものです。

最初のうちこそ、予算の削減に取り組む民主党の姿勢が目に見えてわかり、国民の多くが「民主党、なかなかやるねぇ」と感心したようです。でも、回を重ねるうちに、国民の関心は薄れていきました。いまでは「民主党のパフォーマンスはもうたくさんだ」という声も聞こえてきます。

それは、仕分け作業で出た結果はあくまでも参考材料で、拘束力がないこともあって、ほとんど何も変らないことがわかったからでしょう。「要改善」とか「凍結」といった結論が出されたにもかかわらず、いつの間にか名前を変えて復活したり、平然と無視したり、というような例がいくつも出ています。

その一つが前述した朝霞の国家公務員宿舎建設の凍結解除問題です。私たちがテレビなどで厳しく批判したことから世論が沸騰。結局再び五年間凍結となりました。

そもそも、事業仕分けなんて細かい作業は、政治家のやるべき仕事ではないと、私は考えています。

よほどのことがない限り、何の意味もない事業というのはありません。たとえば、同じような事業を二つ、三つ並べて、「国民から見れば、どれも同じですよね。どれに予算をつけましょうか」とやるのならまだしも、事業を一つずつ、ムダかムダではないかをチェックするなど、非常に不毛なことなのです。

蓮舫《れんほう》氏らの舌鋒に役人がタジタジになったり、逆に役人から「この国に比べたら、日本は半分の予算でやってるんですよ」などと説明されて、政治家のほうが「うーむ」と唸《うな》ってしまったり、そういう場面を見るのがおもしろかった、というだけです。

民主党はおそらく、〝小沢叩き〟を人気取りに使ったのと同じ手法で、官僚をみんなの前に引っ張り出して、思い切りひっぱたいて国民の拍手喝采を浴びようとしたのではないでしょうか。ふだんの鬱憤《うっぷん》を晴らしていたようにすら見えました。

政治家としてやるべきは、ムダを探すことではなく、優先順位をはっきりさせることです。具体的には、たとえば、

「自民党時代には一千億円の予算を百の政策に振り分けていました。民主党はこういう優先順位をつけます。それに沿って一番から予算をつけてください」

というふうに指示するのです。

それで、「七十個くらいのところで一千億円になっちゃった」というなら、残りの三十の政策をやめればいいのです。それが政治というものです。

わかりやすく言えば、いかにして細かいムダを削るかを考えるのは官僚で、優先順位を指示するのが政治家である、ということです。

新大臣の会見から官僚に取り込まれる

「政治家はどうして、こうも簡単に官僚にからめ取られていくんだろう？」

野党時代は「脱官僚」と威勢よく叫んでいた民主党の議員たちが、たちまち官僚の言いなりになってしまう姿を見ていると、みなさんは不思議に感じると思います。

そのプロセスは、新しい大臣が就任した瞬間から始まります。新大臣はまず、官邸での記者会見に臨まなくてはなりません。みんな、「何を聞かれるだろう」とドキドキです。「政策通」と呼ばれるくらいよく勉強して、知識のある人なら別ですが、たいていの大臣は担当分野のことがまだよくわかっていません。

そのときに、官僚からスッと想定問答集のようなものを渡されて、事前のレクチャー（説明）を受けることになります。

「大事なのは、付箋《ふせん》が貼ってある部分です。これを聞かれたら、こう言ってください。

これは聞かれると思いますが、絶対に答えないでください」とか何とか、官僚がつくった台本通りに会見が行われるように仕向けるわけです。

新大臣のほうも、説明されると、わからないままに「そうですね、そうですね」と素直に耳を傾けます。そうして迎えた会見では、記者からの質問には答えなくてはいけないと思うので、つい書いてあることを読んでしまいます。

それが、後でよくよく考えると、自分の考えとはまったく逆のことだった、なんてことがよくあります。でも、会見で一回言ったことは、守らなくてはなりませんから、いくら後悔しても後の祭り。以後、官僚の敷いたレールに乗るしかなくなってしまうのです。

たとえば、前原誠司氏は国土交通大臣になったとき、会見で記者から「ＪＡＬは危ないんじゃないですか？　破綻するんじゃないですか？」といった質問を受けました。これは国交省の〝やらせ〟かもしれません。それで、前原大臣はつい、想定問答集通りのことを答えてしまったようです。

「破綻というような激しい言葉は厳に慎むべきだと思うし、そういった事態が起きることがあってはならない」

こんなようなことを言って、まんまと「JALは破綻させない」という路線が決まったわけです。知らないうちに、官僚に言質《げんち》を取られたかっこうです。

そうして半年間もの時間を空費し、最終的にJALは一月に破綻することになりました。もし「破綻させない」と聞かされて、JALの株を買った人がいるなら、前原大臣を訴えたっていいくらいです。

理想を言うならば、官僚の手になる想定問答集を見た瞬間に、「何だ、これは。おかしいじゃないか」と指摘できる大臣であって欲しい。「その通りだ」と大臣自身が思うのならいいけれど、わからないのであれば絶対に答えてはいけません。たとえば、「いろいろな考え方がありますが、いま私がこの場で簡単に答えを出せる問題ではありません。真剣に速やかに、みなさんにお示ししたいと思います」

などと答えて、早急に検討し、結論を出せばいいのです。

ただし、新聞によっては、「破綻を示唆」なんて書くこともあるでしょうが、あらかじめ釘をさしておくことも必要です。「私が『破綻させない』と明言しなかったからといって、破綻させることを臭わせるような記事を書いてはいけませんよ。情報を捻じ曲げることになりますからね」という具合に。

それにしても、「民主党のエース」とまで言われる前原氏にしてこれなのですから、野田内閣で自ら「私は素人です」なんて白状しちゃうような大臣が官僚にからめ取られないわけがないでしょう。

今回、総理に就任した野田氏だって、財務大臣時代にすでに財務省に取り込まれています。会見で復興増税や消費税率引き上げなどの話をしていることを聞いても、財務省の「増税路線」に乗っかってしまっていることは明らかです。

官僚にしてみれば、会見などで「増税します」と言わせてしまえば勝ちで、以後はそれを言質にとって「時間がない」と責め立てて自分たちの思い通りに事を運んでいく。それが常套《じょうとう》手段なのです。

官僚主導へ逆戻りした民主党政権

「脱官僚」は絵に描いた餅

民主党は「政治主導」の本当の意味を理解していなかったのかもしれません。菅氏などは野党時代から「官僚は大バカだ」などと発言し、官僚を政治家の敵もしくはライバルと位置づけるきらいがありました。

つまり、政治家が自ら官僚の土俵に降りて、そこで戦おうとしてしまったわけです。官僚にしてみれば、自分の土俵で戦えるのですから、こんなに有利なことはないでしょう。それに、バカ呼ばわりされたわけですから、「やれるものなら、やってみろ」という気持ちもあったのではないかと思います。誰だって、自分をバカだという相手には反発しますからね。

で、土俵に上がったのはいいけれど、行き当たりばったりの政策しか持たない民主党は、立ち合う相手の官僚がどこにいるのか、どんなファイティングポーズをとっているのかもわからない。勝手知らない他人の土俵、ですからね。

結局、見当違いのところにパンチを繰り出しては空振りすることの繰り返し。官僚はひょいひょい身をかわしながら、ほどなく民主党が勝負をあきらめて、自分たちに頼ってくるのを待てばよかった、という感じでしょうか。

以前、「週刊現代」で対談した元通産官僚で作家の堺屋太一氏が、菅政権時代の政官関係について、こんなふうにたとえていました。

「本来、官僚はタクシーの運転手で、行き先を決めるのは政治家のはずです。ところが、菅さんはいきなり『オレが運転する』と言いだした。で、技量がないから、大事故を起こした。こりゃいかんと官僚にハンドルを握らせたら、これが定期バスの運転手で、乗客が何を言おうと決められた路線、つまり『官僚権限の強化』という路線を走っている。これが政官の実際の関係です」

うまいことを言うなぁと、感心してしまいました。

早々にハンドルを官僚に渡したのは、菅氏だけではありません。大臣以下、民主党の議員たちはことごとくそうでした。仙谷氏の影響も大きかったでしょう。

前に述べたように、仙谷氏は早々に「財務省に協力してもらわなければ行政は回らない」と判断しました。同時に、大臣たちの能力の低さにも気づきました。そこで、おそらく「とりあえずは官僚の言うことを聞いておけ」というような指示を出したのだと推察します。「はーい！」とばかりに、大臣たちは簡単に官僚路線に乗ってしまったというわけです。

最近はテレビで盛んに過去の映像を流し、「野党時代に民主党はこう言って、自民党政治を非難していたではないか。でも、政権を取ってから、自民党と同じことをやっている」ことを、視聴者に見せていますね？　こういうのを見ると、国民は「本当に民主党ってウソつきだよね」と思うでしょう。

そこにこそ民主党の誤りがあったような気がします。「日本を変えよう」という意思が、実は「自民党を否定する」ことでしかなかったのです。だから、「政治主導」「脱官僚」そのものが目的化し、そのために「どんな哲学・理論に基づいて、何をどう変えていくか」という最も大事なことが抜け落ちてしまったのではないでしょうか。

かばうわけではありませんが、民主党はウソつきだったのではなく、単に勉強不足だったと結論づけていいと思います。

政策を実行するには、たしかな哲学や理論に基づく仮説が必要です。民主党議員にはこれがなく、その場その場で感覚的に決めているように見えました。「聞こえのいいことばかり言って、実行力がともなわない」と酷評された原因は、野党時代が長かったがゆえに、「相手のアラを一つひとつ突くための勉強はしたが、より広い観点から体系立てて答えを見つける勉強はしてこなかった」ことにあるのです。まさに「木を見て森を見ず」だったわけです。

幹部官僚に「辞表を書け」まではよかったが……

政権交代が起きる前の民主党は本気でした。それを象徴するのが、鳩山氏の宣言です。

「霞が関の幹部職員には全員、辞表を書いてもらう。それが政治主導だ」

みなさんは、ちょっと「かっこいいな」と思ったのではないでしょうか。ただ、根本的な間違いがあります。

本来なら、官僚を「従」の位置に置いて、うまく使っていくのが「政治主導」です。でも、鳩山氏は例によって自ら官僚の土俵に降りて、「官僚を排除する」という発想で、政治主導を実現しようとしたのです。

ご存じの通り、結果的に幹部職員に辞表を書かせることはできませんでした。公務員には身分保障があって、クビにすることはできないと言われて納得してしまったからです。

けれども、やりようによっては、官僚をうまく使うなかなかいい方法もあったのではないかと、私は考えています。その「やりよう」というのはこうです。

まず、幹部職員にこう言います。「私は命がけで日本のために働きます。みなさんも命がけで私を支えて下さい。そうしてくれれば私はあなたたちを守ります」。こう言えば、「嫌だ」と言える幹部はいないでしょう。

次に、日付を空欄にした辞表を出してもらって、大臣預かりとします。そのうえで、たとえば「独立行政法人の天下りポストをすべて廃止してください」「コストを二割カットしてください」といった指示を、「いつまでに」と期限を明確にしたカタチで出します。

あとは、期間内にそれを達成すれば辞表を破り捨て、できなければ辞表を受理する。そういうプロセスで実行すれば、政治家は自分の土俵で官僚たちを迎え撃つことができたはずです。

「でも、官僚はクビにできないんでしょ」と思うかもしれませんが、そうでもないのです。ちゃんと「目標を達成できなければ、クビですよ」と話をしておけば、それに逆らう官僚はほとんどいないでしょう。

なにしろ、次官・局長ともなれば、巨額の退職金が入ります。下手に抵抗して、世の中から糾弾されることを思えば、クビになるほうがずっとラクです。そのラクを捨ててまで抵抗するほど、根性のある官僚はいないと思いますよ。

それはさておき、幹部職員に辞表を書かせることに失敗した民主党は、次官会議や次官会見（記者会見のこと）を廃止し、政務三役の会議からの官僚排除等の方針を打ち出す大臣もいました。いずれも、官僚支配の象徴であること、また「これまで自民党政権時代を支えてきた官僚たちは、信用ならん！」という考えから出てきたことです。

次官会議というのは、翌日の閣議に備えて、各省庁から提出が予定されている案件を事前に調整していた会議のことです。ここで調整がつかなかった案件は閣議にかけないなど、政府の政策決定で重要な位置を占めていました。事実上の政府の意思決定機関とみなされていたのです。次官会見が開かれたのも、そのためです。

また、政務三役とは、各省庁の大臣・副大臣・政務官の総称です。官僚ではなく政治家が就任します。民主党政権はその政務三役の会議を、各省庁の政策決定を担うものと位置づけました。省庁の縦割りの弊害をなくし、省益に囚われずに政策判断を進める狙いがありました。

これらの施策も悪くはなかったのですが、あまりにも極端に官僚を排除した結果、政治家は官僚の役割をも背負い込むことになってしまいました。予算案の策定に際して、政務三役が自ら電卓を叩く、なんていう笑えないシーンもあったのです。

ちなみに、政務三役の会議への官僚の参加は、なし崩し的に復活しました。さらに官僚との協調路線を決めた菅内閣の仙谷官房長官（当時）は、首相官邸で開かれた各省庁事務次官に対する年末訓示でこう明言しました。

「政治主導の行政を進めていますが、政治主導とは事務方が萎縮したり、政治に丸投げしたりすることではありません。政務三役と官僚が適切に役割分担をし、緊密な情報共有・意思疎通を図りながら、国民のために一丸となって取り組むことです。政務三役で事務方を排除することによって、意思疎通《そつう》が図られないようではいけません。次官・官房長には出席、陪席するようお願いしたい」

　また、次官会議も、野田総理が復活させました。もっとも、脱官僚路線を修正した菅内閣がすでに、震災対応の「連絡会議」として復活させています。それをより強化するということです。

　いずれにせよ、野田総理は「政治主導は必要だが、空回りしてはいけない」とし、官僚との協調路線を強化する考えです。

自前チームのない総理は官僚にからめとられる

有名無実となった「国家戦略局」

民主党は二〇〇九年の総選挙に際して、政権構想のなかで「官邸機能の強化」をうたっていました。具体的には、

「総理直属の国家戦略局を設置し、官民の優秀な人材を結集。新時代の国家ビジョンを創り、政治主導で予算の骨格を策定する」

というものです。文言だけを見ると、非常にすばらしい。

実際、鳩山内閣は発足と同時に国家戦略担当相に菅氏を任命し、法整備が整うまでの暫定組織として内閣官房に国家戦略室を設置しました。

ここまではよかったのです。けれども、翌二〇一〇年二月に国家戦略室の設置を盛り込んだ法案を国会に提出してそれっきり。実質的な審議は行われず、継続審議のまま棚上げになってしまいました。

つまり、国家戦略室は暫定組織のまま捨て置かれてしまったのです。室長も空席で、当時は民主党政策調査会長を務めていた玄葉光一郎氏が室長代行を兼務する状態が続き、ほとんど機能していませんでした。

民主党のこの国家戦略局構想の是非はさておき、純粋の総理直轄の政策立案チームをつくるというのは、非常に大事なことです。

なぜなら、総理は孤独だからです。どんな政策を実行するにせよ、最終的な責任を負うのは総理。常にドキドキしていなくてはいけないのです。

大臣だって、結果がどうなるか怖くなれば、最後は責任を総理に押し付けることができます。よくいるのです、事あるごとに総理のところへ「私はこう考えているのですが、いろいろ難しいことがあります。総理、どうしますか？　私の考え通りにやってもいいんですか？」などと言いに行く大臣が。

その点、総理は誰に相談することもできません。自分で決めなくてはならないのです。

そういうときに、自前のチームがあるのと、ないのとでは全然違います。周りに信

頼できるスタッフがいないと、すぐに官僚たちに取り込まれてしまいます。そして、彼らは複数の選択肢を示しながら、

「総理、こっちにしたら、こんな落とし穴がありますよ。こっちは論外、大変なことになります。こっちはちょっと問題があるかもしれないけど、最悪でもこの辺りで無難に収まります。我々もこれなら、百パーセントサポートします。想定問答はこの線で……」

などと言って、巧妙に官僚の都合のいい方向へいくように誘導するのです。

相談相手を持たない総理は、さらに「早くご決断ください。時間がありません」と追い詰められ、結局は官僚の言いなりになってしまうしかありません。「自分の考えは違うんだけどなぁ。でも、官僚が協力してくれるというし、それでいくか」という感じで。「時間がない」は、官僚たちが政治家を思うままに操るための常套句です。

官僚を使う秘策は総理自前のチームにあり

自前のチームを持っていた総理で思い出すのは、小泉純一郎氏です。小泉氏は総理

就任と同時に、竹中平蔵氏をトップとする竹中チームと、飯島勲《いさお》首相秘書官を筆頭とする飯島チームを引き連れて、官邸に入りました。

政策は竹中チーム、マスコミ対策は飯島チームが担当。さらに政策については案件ごとに人をうまく使い分けながら行政組織をコントロールし、政策運営を行いました。

そういった有能なスタッフを持つことと同じくらい重要なのが、最終的な責任を総理自身が負うことを明確にしてスタッフに「任せる」ということです。マスコミが言うような「丸投げ」ではありません。小泉氏は、たとえば経済政策を竹中氏に任せて、こう言ったのではないでしょうか。

「お前に任せた。責任だけは取ってやる。行け〜っ！」と。

その後、竹中氏が困った問題にぶつかって、「もう大変です。どうしましょうか」と言ってきても、「いいから、とにかく行け〜っ！」とやったのだと思います。

これこそがリーダーシップでしょう。任されたほうは、リーダーが責任を取ってくれるとなれば、結果を気にせずに思う存分仕事ができるし、信頼に応えようとがんばるというものです。

しかも、総理が周辺をガッチリ自前のチームでまとめていると、官僚の入る隙はありません。たとえ官僚に都合のいい提案をする機会があっても、チームの有能なスタッフからきっちり「それはおかしい」と指摘され、自案を引っ込めざるをえなくなるのです。でも逆に、国のため、国民のためを考えての提案なら、取り上げてもらえる可能性が開けます。優秀な官僚にとっては、総理が自前のチームを持つことは大歓迎でしょう。

比べるわけではありませんが、菅総理は自前のチームがないばかりに、全責任を負うのが怖かったのかもしれません。それで、いろんなところに自ら出向き、「何やってるんだ。ダメじゃないか。どうすんだ。う〜む……」とやっているうちに、何もできずにただ時間だけが過ぎていったような気がします。

原発事故のような重大な事態になったときに、いち早く「コイツに任せれば、何とかなる。それで失敗したなら、自分が責任を取るよ」というふうに思えるスタッフを数人でも持てなかったことが、菅総理の失策につながったと思うのです。

そういう意味で、菅総理退陣の後に私が望んでいたのは、

「自前のチームを引き連れて官邸に入り、たとえば『国家公務員制度改革を思い切り進めます』とか、『電力市場開放の方針を早急に決定します』などと、できっこないと思われていたことをぶち上げる。

それで大騒ぎになったところで、郵政改革を実現させた小泉氏のように、『民主党内にも抵抗勢力があります。しかし、これをやらないと、何のために政権交代をしたのか、ということになります』と言う。そうすれば、反対の声が高まれば高まるほど、内閣の支持率は上がっていくはずです。

あとは、自前のスタッフが改革の青写真を描き、党内で大反対に遭ったら、それを争点に、一気に選挙へなだれこむ」

というようなストーリーでした。

もはや望むべくもないけれど、内閣発足と同時にこのくらい思い切った策に打って出られる総理であったなら、国家公務員制度改革の道筋ができただろうに、と残念に思います。

5章　官僚を国民のために働かせる法

改革は一気呵成に

もはや食い潰せる過去の遺産もない

ここまで、官僚たちの堕落した実態と、それを助長している霞が関の仕組み、さらには官僚主導によって膠着《こうちゃく》状態にある政治状況について、述べてきました。そういった悪いところを槍玉に挙げるだけでは、どこかの党のように「対案なき反対」をするだけに終わってしまいます。

そこで本章では、どう改革すればいいのか、すでに廃案になった「国家公務員法改正案」をベースにした「古賀提言」を示してみたいと思います。

日本はもう、とっくに右肩上がりの時代は幕を閉じています。それでも、バブル崩壊以降二十年は、過去の遺産を食い潰すことで何とかやり過ごしてきました。たとえるなら、昔ちょっと羽振りの良かった人が事業に失敗して、蓄《たくわ》えた資産で食いつないでいるようなものです。「売り食い状態」と言ってもいい。

その間、日本全体がどこかで、「日本人は優秀だから大丈夫。そのうち勢いを取り戻すさ」などと、呑気に構えていたように思います。でも、経済はいっこうに上向かず、国民の暮らしも下降線をたどる一方。ここへきてようやく、「やばいぞ」となって、振り返ってみたら、何の理念もなく経済運営をしてきたことに気づいた、という感じでしょうか。

そんな状況ですから、日本再生のためには「理念を再構築する」なんてなまやさしい方法では立ち行きません。新たに創出しなければならない。私たちはまさに「平成維新」の時代を迎えているのです。

全部一度にガラガラポン

改革のキーワードは、「いまは平時ではない」――。

だから、現状を改めるには、段階的なやり方ではダメです。官僚たちがつくりあげた、複雑怪奇に絡み合った仕組みを、一部だけ取り出して改めようとしても、何も変わりません。

それでは、屋根に無数の穴が開いているのに、その穴に一つずつ雨漏りの手当てをするのも同然です。屋根ごと替えてしまわなければ、いつまでも雨漏りに苦しめられることになります。

それに、「少しずつ」なんて悠長なことをやっていると、すぐに官僚たちにカタチを変えられてしまいかねません。天下りだって、せっかく改善の動きが出たのに、いつの間にか「幹部をはじめとする高齢層を守り、可能性のある若手を塩漬けにする」政策に挿《す》げ替えられてしまったではないですか。

同じ轍《てつ》を踏まないためにも、旧来の制度・慣習は全部、一度にガラガラポンするしかありません。

以下、どれだけの改革を同時並行で進めていけばよいか、述べていきましょう。

幹部の身分保障をなくせ！

指定職になる前に、いったん退職

前に触れた〝経産省三幹部の更迭劇〟では、原発事故できわめてまずい対応をしながらも、幹部は責任を問われることなく割り増し退職金をもらって勇退していく、という信じられない官僚の実態が明るみに出ました。

こういうことをなくすには、幹部が責任を取る仕組みを取り入れる必要があります。言い換えれば、幹部の身分保障をなくす、ということです。

そのときのやり方として私が提唱するのは、課長までは普通の管理職だとして、次に部長や審議官などの幹部、いわゆる指定職になるときに、いったん退職してもらうというものです。民間企業でも取締役になる前に一旦退職しますよね。

退職してもらうのですから、当然、それまでの働きに対して退職金を支払います。以後、幹部になってからは「基本給＋業績給」のようなカタチにして、「もう退職金は出ませんよ」というふうにするのです。

そうすれば、今回のような退職金を割り増しするの、しないのといった問題は起こりようがありません。しかも、年次に応じて昇給していく身分保障がなくなるわけですから、業績が悪かったり、あまりにも官僚本位の政策をやったりすれば、その時点でクビ、もしくは降格処分にすることができます。

いまは身分保障があるために、クビといって辞めさせることができず、「辞めてください」とお願いするしかないんですね。だから、「じゃあ、辞めてやるから、退職金を上積みしてくれ」って話になっちゃうわけです。

どうですか、〝悪徳幹部〟や〝能なし幹部〟を一掃する仕組みとして、一番わかりやすいと思いませんか？

強制的に三割の幹部をクビにする「Jリーグ方式」

もっとも、「指定職になったら、いったん退職ですよ」という制度は、法律で決めれば執行できるのですが、本当に出来の悪い幹部をクビにしたり、格下げしたりすることができるのか、という部分で、まだ信用なりません。

いまでも人事権は大臣にあるので、それができるように変えられることは可能なんです。ただ、それが本当に実現するかどうかは、別の問題なわけです。大臣が事務方に遠慮したり、怖がったり、あるいは日本人的に「あまり波風を立てたくない」と考えたりで、まったく変わらない可能性があります。

そこで、出来の悪い幹部を強制的に降格にする仕組みを取り入れたらいいのではないかと、私は考えています。それを称して「Jリーグ方式」。

たとえば、ある役所に局長が十人いたら、実績の評価（これは後で説明します）に応じて、一番から十番までランク付けします。そうして毎年、三割を自動的に降格またはクビにする仕組みを取り入れるのです。

例外はなし。「今回は全員ががんばりましたね。よくできましたね」という場合でも、相対評価をして下から三番に入っちゃったら、「運が悪かったね、じゃ」と下に下がる、というふうにします。でないと、官僚たちは毎年、「甲乙つけ難い。今年は全員が優秀。降格者ゼロです」とか、必ずやり続けますから。

ある意味、民間より厳しいかもしれませんが、現実に取り入れている企業がありま
す。クロネコヤマトのヤマトホールディングスです。幹部に一番から百番といった成績をつけ、下位一割は自動降格という人事を採用しているそうです。

官僚の場合は民間より出来の悪い幹部がたくさんいるので、三割が妥当かなと思っています。ある程度の整理がついたら、この割合は見直してもいいでしょう。

この「Jリーグ方式」を導入すると、たとえば事業仕分けで「打ち切り」と決まった事業にまた予算要求をして再仕分けにかかる、といった例がなくなります。そんなことをしても、降格・更迭されるという仕組みがあれば、役人は絶対にやりません。

こうして毎年、三割くらい出来の悪い幹部を減らしていくと、幹部ポストに三割の空きが出ます。プラス定年退職者で、半分近くの幹部ポストが空く計算になります。そのときに年功序列ですぐ下の人を引っ張り上げるのではなく、思い切って若手を抜擢するのです。

いまは「上のポストが空かない」という事情があって、なかなか若手を抜擢することができないのですが、この「Jリーグ方式」でそれも可能になるはずです。とにか

く幹部ポストを空ける、ということが大事なのです。

幹部人事は政治主導で

官僚の人事権は大臣にあること、でも実態はそうなっていないこと、については前に述べました。これも官僚主導の弊害の一つでしょう。

本来、人事は政治主導で行うべきなので、大臣が人事権を持つ仕組みを取り戻さなくてはなりません。

そのために有効なのは、幹部をいきなり決めるのではなく、あらかじめ幹部候補のリストをつくっておき、人材をプールしておくことです。たとえば、局長ポストが十あるなら、倍の二十人くらいをプールしておくカタチにします。

もちろん、プールする人材を選ぶときには、各省ではなくて官邸が主導権を握ることが重要です。ただ、総理や官房長官はそんなことをやっている暇はないので、内閣にサポート部隊としての人事局を設けるのです。

その際、人事局長は政治家もしくは民間人がいいでしょう。このポジションに官僚を据えると、意味をなさなくなります。「一生懸命、天下りのポストをつくるのにがんばってきました」なんて課長は、いくら次官が売り込んできても、リストに入れないようにしなくてはいけないからです。

こうしてプールした人材から局長を選ぶときには、大臣が総理、官房長官といっしょに相談して決めます。こういう仕組みにすると、大臣が官僚に言いくるめられたり、官僚を怖がって思い通りの人事ができなくなったりすることを防げます。

また、万一、大臣が自分の個人的利益のために局長を自分の仲のいい友だちばかりで固めてしまうというようなことも制御できます。これら二つの意味で、官邸の関与を強める仕組みにする必要があるのです。

よく「政治家は官僚を使いこなさなければいけない」と言われますが、それ以前の問題として「優秀な官僚を選ぶ」ことが重要です。内閣に人事局を設けて官邸が幹部人事を決めるこの仕組みにすれば、政治主導の人事がかなりやり易くなります。

なお、ここではとくに幹部の人事について述べましたが、私は「課長以上の役職者は内閣で管理するのが望ましい」と考えています。課長一人ひとりの人事を細かく行

うのではなく、官邸の管理を強める必要があると思うのです。たとえば、

「課長の人事が年功序列になっていないか」

「ちゃんと若手が抜擢されているか」

「民間から人材を登用しているか」

「女性の登用が進んでいるか」

といった大まかなところを、官邸でチェックしていく感じですね。

そうして、各省に「君のところはおかしいよ。きれいに年功序列になっているじゃないか」「女性が登用されてないね」「公募をしているのに、一人も民間から入っていないじゃないか」「よその役所との人事交流が全然ないね」などと文句をつければいいのです。

こんなふうに内閣が監視していれば、「管理職以上は所属する役所の人ではなく、国全体のための公務員ですよ」というメッセージが官僚全体に行き渡るはずです。

若手のやる気に火をつけろ！

優秀な人材が抜擢される評価制度を

霞が関が民間に倣《なら》って、目標管理のような評価制度を本格的に導入したのは、一年ほど前でしょうか。それまで延々と「試行」というのをやってきました。新しい制度を取り入れるときは、だいたい、試行しては手直しし、手直ししてはまた試行し、といったプロセスを経るので、かなり時間がかかります。

けれども、万全を期して取り入れたわりには、ほとんど機能していません。たとえば「何々法の推進に努める」といった感じで、目標設定が実にあいまいなのです。「期限を入れましょう」「具体化しましょう」「数値化しましょう」と言ってはいるものの、それがあまりできていないのが現状です。

目標が明確でないと、ちゃんと評価できませんよね？　どこを改善して、次はどう結果につなげればいいかも、分析できません。意味がないのです。たぶん、官僚は

「できませんでした」と言うのも、言われるのもイヤなのでしょう。だから、目標はできるだけあいまいにしておきたいわけです。

あと、評価したところで、現状では待遇にほとんど差がつかないこともあります。建前上、評価を給与や賞与、昇進などに反映させることになっているものの、年功序列による身分保障という大前提があるからです。ここを切り崩さないと、〝名ばかり評価制度〟にしかなりません。

ですから、まず改革すべきは、幹部に目標を明確化させることです。たとえば、大臣が局長に対して、

「あなたのところは半年以内に事業を見直し、ムダな事業を廃止することによって、予算を三割カットしてください。それを翌年の予算編成に生かしてください」

「あなたのところには天下りポストがいくつありますか？　それを半年以内に半減する計画をつくり、一年後に達成してください」

などと指示するのです。こうして目標を明確にすれば、達成できなかったときに「成績不良ですね」となって、評価を下げることが可能になります。それによって、

「Jリーグ方式」で言えば、下から三割に入っちゃうかもしれません。

ここまで評価制度を実効性のあるものにすれば、幹部も必死になって、目標を達成しようとがんばります。そのために、部下の目標管理もしっかりしてくるでしょう。もし、できないとしたら、幹部全員が結束して、「大臣の言うことを聞くのはやめよう」とサボタージュしていることになります。万が一、そうなったら、国民世論に訴えることもできます。まぁ、官僚はリスクを取りたがらないので、そこまでの抵抗はできないと思いますけどね。

また、この目標管理とセットで、「三百六十度評価」も導入すべきでしょう。評価するのが上司だけだと、上司がゴキゲンとりのうまい部下に騙される危険があります。でも、同僚や部下も評価するようにしたら、「アイツ、優秀だと思っていたのに、みんなにボロボロに言われてるな。これじゃあ、昇進させるわけにはいかないな」といった評価ができるようになります。

このように、目標管理と三百六十度評価を両輪とする評価制度をきちんと機能する仕組みをつくる。そうすれば霞が関でも、「出来が悪い人材を幹部に据える」ことはなくなり、「優秀な人材を抜擢する」ことで、国と国民のために働く組織文化が醸成されるでしょう。それが若手のやる気を促すことは言うまでもありません。

ポストを公募する

目標を明確化することのメリットは、もう一つあります。上位ポストを公募にし、やる気のある人に手を挙げてもらうシステムを導入できるのです。

たとえば、資源エネルギー庁で、新エネルギー・省エネルギー推進の部門で部長ポストに優秀な人材が欲しいとします。それを公募するとなれば、どうしたって仕事の具体的な内容や、いつまでにどんなことを達成するかを明示する必要があります。

ここをはっきりさせずに公募したところで、誰も名乗りをあげる気持ちになれませんから。

それと、最初から達成すべき目標をはっきりさせておくと、その仕事をどう遂行していくかのプランをもって面接に臨んでもらえます。一方で「目標を達成できなければ、降格しますよ」という評価制度があるので、結果を出す自信のない人は手を挙げないでしょう。

つまり、厳格な目標を設定した公募にすれば、より優秀な人材を選抜できる、ということです。

また、公募対象については、年次的に「そろそろ部長」とか「すでに部長」といった人たちだけでなく、「若手課長や課長補佐もどんどん手を挙げていいですよ」とします。「原則、民間にも開放」とすべきであることは言うまでもありません。こうしてやる気のある若手を、どんどん抜擢していくことが可能になります。

その公募に関連して付け加えておくと、私が作った国家公務員法改正案では、法律上は「職務明細票」と呼ばれる条文を入れました。これは内部では「ジョブ・ディスクリプション（Job Description）」と言っていて、各ポストごとにどんな仕事をすべきなのかを具体的に明らかにしておくということです。

また、公募を実際に推進するために、

「ポストの公募は民間人にも開放し、目標を閣議決定するとともに、数値目標を入れて促進していく」

という条文も入れておきました。数値目標とは、たとえばポストが百あったら、「内六十を民間人にも開放した公募にします」などと決めることです。

ここまでやっておくと、否が応でもポストの公募をせざるをえないし、「公募しましたが、採用したのは全員公務員です」なんておかしなことも起こらなくなります。外から見れば、「何が公募だ！」と、批判の的になりますからね。

実はこの条文は、民主党の法案でははずされてしまいました。私が作成したときも官僚たちからものすごい抵抗に遭ったのですが、各省協議で反対派をねじ伏せて、ようやく入れることに成功した経緯があります。民主党政権になって、あっという間に消えちゃったわけです。

裏で何があったかは想像するしかないところ。おそらく、財務省が横槍を入れて民主党をからめ取ったか、あるいは黙ってナイショで消してしまったかの、どちらかでしょう。骨格だけ説明して、「前のと同じですよ」などと言っておけば、政治家は細かいところまでチェックしないものなのです。

いずれにせよ、この条文は若手と民間人の登用を進める拠《よ》りどころとなるので、復活させる必要があります。

若いうちに仕事の醍醐味を実感させる

私たちがつくった国家公務員法改正案には、「幹部候補育成課程」を設置するということも盛り込みました。これも民主党の法案でははずされてしまったのですが。

この制度の最大のポイントは、自分の所属する省庁のことだけではなく、広く行政全体のことを考える「目」を持つ幹部を育てることにあります。若いうちから「コイツは将来、有望だな。国のために働いてくれそうだな」と思える人材を選んで、内閣で育成していくのです。

育成制度と言うと、役所はすぐに「二週間、泊り込みの研修会をやります」といったことを考えますが、これはまったく違います。たとえば、行政刷新会議で事業仕分けをやるとか、何か国の大きなプロジェクトに引っ張ってきて、内閣のほうで使う、というスタイルです。

課題は、「国のためにどうすればいいか、みんなで考えて行動してくれ」というこ

と。その働きぶりを見て内閣が、

「コイツは自分の役所に偏らないで、ちゃんと公正な目で見られるな」

「ほかの役所の仲間と協力して仕事ができるな」

といったことを評価するのです。

と同時に、幹部候補に選ばれた官僚たちは若いうちに、国のための大きなプロジェクトを手がけるおもしろさや、改革することのやりがいなどを学ぶことができます。

この制度の対象者は入って七、八年、課長補佐一年生くらいの若手で、育成期間は課長クラスになるまでの間の数年間になるでしょうか。ずっと所属が変わらず、課長になって突然、「さぁ、今日から自分の役所のことは脇において、国全体のことを見て仕事してください」と言われても、そう簡単に変われませんよね？　だから、とくに国のために働いてくれそうな有望な若手は内閣で育てていく、ということです。

元の役所に戻るにせよ、国のプロジェクトに関わっていくにせよ、幹部候補育成課程を修了した者は、省益よりも国益、自分たちよりも国民のことを考えて働く有能な幹部になってくれることが期待されます。

老害を一掃せよ!

「役職定年制」の怪

二〇一〇年の夏に、人事院が公務員給与を二%ちょっとカットするという勧告を出しました。後にも出てきますが、人事院は公務員の給与を決めるところです。

この勧告だけを見ると、「二%じゃねぇ」とは思うけれど、国民は何となく「役所もやっと、リストラに重い腰をあげたか」という印象を抱いたのではないかと思います。けれども、その「人事院勧告」の後ろに「報告書」が付いていて、そこに看過できないことが書いてあったのです。

大雑把に言うと、「民間企業では、定年の延長がまだまだ進んでいませんが、退職者の再雇用といった試みが見られます。公務員については、定年の延長に積極的に取り組まなければなりません」というようなことです。意味がわからない。

政府はかねてより、民間企業に対して、「六十歳で定年になると、年金が支給される六十五歳までの五年間は収入がなくなるので、そこをうまく対応してください」と義務付けていました。その対応には三つの方法があります。

一つは、定年制度をなくしてしまうという、一番ドラスティックな方法。二つ目は定年を六十五歳まで延長する、三つ目は定年退職後に新たに契約を結んで再雇用をする、という方法です。

ほとんどの企業は定年の廃止も延長もできる余裕がありませんから、再雇用の方向で対応を進めています。給与は退職時の半分以下、ピーク時の三割、といったところでしょうか。もっとも、中小企業は再雇用だってむずかしいのが現状です。

そんななかで霞が関でも「公務員の定年をどうするか」という議論が始まり、「役職定年制」というものが浮上しました。これはもともとみんなの党の渡辺喜美代表がつくった国家公務員制度改革基本法という法律のなかにあるもので、「役職定年や給与の抑制などの改革をします」と書かれています。

その意図は、「いまは定年が六十歳（次官は六十二歳）だけど、たとえば局長の定年を五十五歳にするとか、ポストに応じて決めていきましょう。民間のように五十代になってからの給料を下げたりしましょう」ということにありました。それをどう解釈したのか、「六十歳まで昇給を続け、六十歳で役職をはずして、定年を六十五歳まで延長します」としたのです。これを役所は「役職定年制」と呼ぶことを「発明」しました。前述した「報告書」の記載は、これを出すための布石でもあったわけです。

そして心配したとおり、今年の二〇一一年、九月三十日、国会閉会の日を選んで（国会で批判されないようにという悪知恵です）昨年の報告書のとおりの人事院の「意見の申し出」が政府に対してなされました。

そもそも、どうして公務員だけが定年延長なんだ、という話です。その辺をうやむやにしようとしたのでしょう、「公務員給与を三割減」というお題目を付けました。六十歳まで昇給を続けて、自分たちだけ定年を延長し給料はそのピークから三割減という、民間からみれば何とも夢のような待遇です。

例えば、部長級の官僚なら六十歳から六十五歳まで一千万円くらいの給料が保証される。しかも正職員のままだから格安家賃で公務員宿舎に入り続けることもできます。しかし、人事院は新聞にはそういう前提を言わないで、ただ三割減ということだけ言ったのか、ある大手全国紙が「公務員給与、三割減」という見出しを打ったのです。これはまったくおかしな表現です。本来なら「公務員は定年延長で七割の給料がもらえる」と批判的に書かなければならないところです。マスコミとしての見識を疑ってしまいます。

しがみついていてもトクしない組織にする

かくして、公務員の身分保障はいっそう強化される方向にあります。とくに中高年に差し掛かった年齢の職員は、「六十五歳までしがみついているほうがトクだよね」と思っているはずです。

このままだと、霞が関の老害ははびこる一方です。行うべき人事は真逆。「しがみついていてもトクをしない」組織にする必要があります。

幹部については、すでに述べましたね。人事評価をきっちりやって、「年功序列で誰でも課長になれる。だいたいは部長・審議官になれる」というシステムそのものを改革し、「Jリーグ方式」によって組織の新陳代謝を活発にすることが要になります。

一方で、ノンキャリにも同じような問題があります。年功序列で昇進しても、せいぜい課長、多くは課長補佐どまりですが、このポストに大勢の中高年が滞留しているのです。しかも、なかには仕事がまったくできない人たちも多くいます。彼らにも辞めてもらう仕組みをつくらなければなりません。

民間企業もいま、退職金を積み増しして早期退職者を募ったり、会社に残る社員の給料を下げて、さらにベース給が下がれば退職金も減るようにしたりなど、いろんな試行錯誤をしながらリストラを進めています。

国の財政が逼迫《ひっぱく》している以上、公務員の人事制度も幹部だけではなく、もう少し下の層も含めて、なるべく民間に近いものにする必要があるのです。

たとえば、五十歳くらいから給与がだんだん下がるようにして、退職金は退職時の給与をベースに計算する、という方式にするのも一案です。五十歳前後なら、まだ〝潰し〟がききますから、「転職先を探したほうがいいかな」と思う人も多いでしょう。あと、先ほどの役職定年制で、「五十三歳を過ぎたら、もう課長にはなれません」というような仕組みにするのもいい。「だったら、課長には上がれそうもないから、いまのうちに転職しよう」と考える人が出てくるはずです。

こんなふうに、老害を一掃するためには、「しがみついていても、あんまりトクしないな。下手すると、ソンするかもしれない」と思わせる仕組みにすることがポイントになると、私は考えています。

もちろん、抵抗は大きい。長年、霞が関のルールのなかで安穏《あんのん》と生きてきて、「あと少しで逃げ切れる」という幹部は、「そんな提案、葬《ほうむ》り去ってしまえ！」と言うでしょう。

また、安定を求めて公務員になり、能力主義のなかで生き残る自信のない人たちは、「そんなつもりで公務員になったんじゃない」と叫ぶかもしれません。あるいは、仙谷氏もそうでしたが、「いくら何でも、クビにするのはかわいそうじゃあないか」という意見も出てくると思います。

しかし、真に国と国民のためを思って働く公務員に活躍してもらうためには、そうでない人をクビにせずにいままで通り給与を払うなんてことはコストがかかるだけ。何もいいことはありません。

それに、「かわいそう」と同情されるほど、公務員はかわいそうではありません。クビになって、なおかつ天下り先がなかったとしても、定年間近なら三千万円くらいの退職金が出ます。

多くはタダ同然の公務員宿舎に入っていますから、貯金だって相当あります。それを合わせれば、辞めるときはだいたい六、七千万円程度の蓄財があるのがふつうです。全然、路頭に迷わないのです。むしろ、悠々自適でしょう。

そもそも、公務員は国・国民のために働くことが大前提であって、税金で給与がまかなわれています。その使命を果たさなければクビにして当たり前。かわいそうでも何でもないのです。

回転ドア方式で官民交流を促進

老害を撒き散らす公務員を一掃することの一番のメリットは、優秀な若手を抜擢できるようになることと、民間の人材をどんどん登用できるようになることです。それは本書でも随所で述べてきましたが、後者については「官」が「民」の人材を登用するだけではなく、「民」が「官」の人材を起用することも重要だと考えています。

といっても、癒着構造を生む天下りとは、一線を画すものでなくてはいけません。霞が関で実績をあげた人が、役所とのコネクションとは無関係に、持てる知識・スキルを民間企業で生かし、日本経済の発展につながる業績アップに貢献する、ということです。

それも、役所を辞めて民間企業に転職したらそれっきりにせず、「もう一回、役人としてがんばりたい」という優秀な人材を登用する道も、どんどん開放していくことが望ましいでしょう。

いまは「例外的だけどないことはない」という状況なので、そういった官民交流を当たり前にしていきたいのです。これは「リボルビングドア（回転ドア）方式」と呼ばれるもので、官民双方が互いの経験・知識・スキルとエネルギーを共有・有効活用するためのベストな方策ではないでしょうか。

これまで、優秀な若手がどんどん霞が関を去っていった現実をさんざん見てきたのでよけいに、彼らがまた霞が関で活躍するようなことが起きたらいいなと、真面目に考えています。

こうして実力主義の人材登用が活性化されていくと、霞が関は就職を目前にした学生たちをはじめとする若い人にとって、魅力的な職場になりうると確信しています。能力ある若者たちが進んで霞が関に飛び込んでくる日を夢見ています。

優遇という名の逆療法

残業手当は満額支給

民間企業では、実態はともかく原則としては、いわゆるサービス残業は違法ですね？　それに、残業代はコストになるので、残業の多い部署の管理職は、「出来が悪い」という評価がくだされます。

霞が関はまったく違います。大きな違いは、公務員には労働基準法が適用されないことです。それで、残業代は部署ごとに総額いくらと割り当てが決まっていて、ものすごく忙しい部署だと五割増しの予算をつけてもらうことも可能です。

逆に言えば、予算がある分だけは確実に残業代がもらえることになります。その残業代が半ば生活給になっていて、削減しようなんて発想はまったくありません。

加えて、霞が関は「不夜城」と呼ばれることでもわかるように、官僚たちは本当に長時間の残業をしています。サービス残業が平気でまかり通っています。なぜ文句が出ないかと言うと、残業時間がそのまま「あの課は大変だ。よくがんばっている」という評価につながるからです。

これはどう考えてもおかしな状況なので、私は公務員にも労働基準法のような法律を適用し、残業代は満額支給と決めてしまえばいいと思っています。ようするに「残業代を満額支給しなければ、違法ですよ」とするわけです。

ただし、無制限に払うのではなく、一方で「あなたの部署はこの予算でやってください」という適正なノルマを課します。そうすると、「サービス残業をさせると違法になるし、このままだと予算を完全にオーバーしちゃうし」となるので、いやでも業務の効率化を図らざるをえなくなります。

また、「オーバーしちゃいました」という管理職は、「何やってんの？　管理職失格ですね」となります。マスコミにバレれば、「経費のムダ遣い」「管理能力ゼロ」などと叩かれるかもしれません。

欧米の役所の場合、人件費の予算が足りなくなると、公務員をクビにしたり、週に一度窓口を閉鎖したり、といったことが起こります。「とにかく働いた分は絶対に払わなければいけない」というルールがあるので、お金がなくなったら人を減らすか、窓口を閉めるしかないんですね。

日本の役所にはそういうルールがないから、管理職に残業に対するコスト感覚がなく、若い職員を平気で連日夜中まで働かせることになるのです。

「残業の満額支給」は公務員を優遇する方法のように見えて、実は業務効率を上げる秘策となりうるものです。

スト権を持たせる

国家公務員制度改革を実行すると、ある意味で一番打撃を受けるのは幹部です。でも、幹部は約三十万人の職員の内、千人弱。割合にすると、わずか〇・三%です。そ

れなのに、「幹部職員の身分保障をなくしましょう」と言うと、組合は猛烈に反対します。理由を聞くと、

「次官にだって、労働基本権があるんです」

と言う。「え〜っ、おかしいんじゃないの？　課長にだって、そんなものはないでしょ」と思うのですが、彼らはそうは思わないようです。

「次官の労働基本権を侵害するようなことをしたら、将来的には我々課長補佐レベルの話にもなる。蟻の一穴《いっけつ》を許してはならない」

そんな勢いです。このときに、いつも彼らは言います。

「公務員にはもともと、スト権などの労働基本権がありません。だから、いろんな意味で守ってもらわなくては困ります」

それに対する私の答えは、「だったら、スト権あげちゃいましょう」ということです。

スト権というのは、実は民間の病院にも認められています。もっとも、医師と看護師が入院患者さんを放ったらかしてストをする、なんてことは絶対にありませんが。

外国だと、「消防士がストをやった」という例もあるようです。で、さすがに警察官はまずいから、それ以外の公務員にスト権を与えてしまうのです。何のためか。私の描くストーリーはこうです。

どんどん改革を迫って組合と対峙《たいじ》し、「イヤだったら、ストをやればいい。やれるもんなら、やってみろ」とガチンコ勝負に出る。おそらく、とことん追い詰められたら、組合はストをやるでしょう。そうすると、公務員がなぜストをやったのかが、国民の前に明らかになります。

たとえば、「年功序列をやめて、実力主義にするだなんて、既得権の侵害だ。ストだっ！」といったスローガンとともに、公務員の堕落ぶりが白日の下にさらされるわけです。国民からすれば、「ふざけるな！」ですね。

こんなふうに「どんどん、ストをやってください」とやると、公務員もかつての国鉄がストをやって国民から見放されたような窮地《きゅうち》に立たされるでしょう。そのほうが逆に、改革がスムーズに運ぶかもしれません。

いい方法だと思うのですが、民主党はもちろん自民党でもけっこう反対の人が多いのです。なぜかと言うと、「地方自治体で大変なことが起きる」からだと。地方自治体は自治労や日教組が強く、彼らが何かにつけて「ストをやるぞ！」と脅すことになって行政が大混乱に陥るというのです。

たとえば、組合が「背広をタダで配れ」「パソコンに三十分向かったら、十分の休憩を認めろ」などと息巻いて、「認めなければ、ストをやるぞ」と脅す。それで市長・町長はストをやられるのが怖くて、組合の言い分を通すみたいなことが起こる、というのです。市長や町長がとてもじゃないけど抵抗できなくて、ボロボロになると……。

しかし、私に言わせれば、首長たる者がそんな弱気だから、組合が増長するのです。ひどいところだと、人事まで組合に相談しなくてはいけないとか。そうやって、組合に厳しい人を出世させないようにするなど、言語道断です。

組合がストをやると、市民の怒りの矛先が長たる自分に向くと思っているのかもしれませんが、そんなことはありません。ストをやらせたほうが、組合がいかに理不尽な要求をしているかがあぶり出されていいのではないでしょうか。

公務員の組合についても、「スト権を行使することが自らの首を絞める」という良い結果になると、私は考えています。

実は、組合のほうがそのことを理解していて、表向きは労働三権（組合を作る権利、団体交渉する権利、ストをする権利）を認めろと言ってますが、本当はスト権をもらうと困ると思っているのです。かつて渡辺行革担当大臣（当時）が、スト権を認めるべきだと言ったとき、組合の幹部が大臣のところに来て、スト権をくれなんて言ってないと主張したという話まであるのです。だから思い切ってスト権を与えたほうがいいのです。

天下りをなくす、とっておきの方法

「疑惑を招かない天下りはいい」と考える

いろんな規制を設けても、天下りはなかなかなくなりません。その一因は「悪い天下りを規制する」という考え方にあるように思います。「悪い」という証拠がなければいいだろう。そう考えるのが、官僚の理屈だからです。

また、官僚はもともと、「自分たちのような頭のいい官僚は、辞めた後も世の中のために働いたほうがいいに決まってる。弱小団体にも天下ってやって、ガマンしてつまらない仕事をしてるんだから、そのお駄賃として千五百万円くらい、もらって当たり前だ」と思っています。「天下りは悪い」という認識すらありません。だから、世の中からどんなに非難されようと、天下りをやめようとしないのです。

そこで、私は考えました。命題を「疑惑を招かない天下りはいいですよ」と書き換えたらどうだろうと。「悪くない」ことを証明するのもけっこう難しいのですが、「悪い」の定義をより具体化して、単に「ムダや癒着が生じる」ではなく、「国民に疑惑を持たれる」とすると、言い逃れがしにくくなります。

これは、「官僚は企業の接待を受けてはいけない」というルールと同じ考え方です。「癒着が生じるような悪い接待はいけない」とすると、たとえば、「単に仲良くなって、『いやぁ、お世話になりました』とご馳走してもらっただけなのに、何が悪い。ふだんは『これでお願いしますよ』などと賄賂まがいの頼まれ事をしても、『うるさい、黙れ！』と跳ねつけている。互いの関係に何の歪みも生じていない」

といった考え方も、アリになってしまいます。でも、「悪い」の定義を変え、

「そうは言っても、国民は信じませんよ。接待の内容がどうであれ、国民から見れば、癒着があると疑われて当然でしょ」

とすることで、企業の接待を禁止することがルール化されているのです。

同様に天下りに関しても、「国民に疑惑を持たれる」ことを尺度とすれば、官僚がどれだけ正当化しようと、「ダメなものはダメなんだ」とねじ伏せることができます。

「所属する省が所管している民間企業に再就職しました、なんてことが当たり前に行われていたら、どう抗弁しようと、国民は行政に対して不信を持ちますよ。そういう心配がまったくないと言える天下りなら、いいですよ」

これをルールとすれば、悪い天下りをかなりの数、減らすことが可能になるのではないでしょうか。

刑事罰を科して「再就職等監視委員会」を機能させる

安倍内閣で「退職にともなう天下りの斡旋を禁止する」ことが決定したとき、それとセットで「再就職等監視委員会」をつくることになっていました。ただ、委員を誰にするかは国会の同意がないと決められないことになっており、民主党が参議院で反対していたために、いまもって実行されていません。

この「再就職等監視委員会」というのは、天下りの斡旋禁止の規制に違反していないかどうかをチェックする第三者機関として設置されるものです。

たとえば、前に述べた、坂篤郎氏が損保協会の副会長の後任に牧野治郎氏を据えた件でも、坂氏が「ウチに来ない？」と声をかけただけだ、でおしまいにすることはできなくなります。監視委員会の権限で、いろんな人を呼んでヒアリングをしたり、財務省に資料を提出させたりして調査することが可能なのです。

いまは監視委員会があるにもかかわらず、委員が任命されていない状況なので、真っ先にこれをやるべきでしょう。

ただ、それだけでは不十分。天下りは隠微な世界で、裏で何をやっているかがなかなかわからないからです。どうしても、強制力のある組織にしなくてはいけません。と同時に、違反については、現行「国家公務員法違反による懲戒処分」になっていますが、これを刑事罰にする必要があります。

そうすれば、警察や検察が官房長の部屋に入って、「資料を全部、出せ！」みたいなことができます。何百人もの天下りデータを頭に入れておくことは不可能ですから、官房長の部屋に行けば、必ず斡旋を裏付ける証拠書類がキャビネットもしくはPCのなかから見つかるはずです。

さらには、最近増えつつある「OBによる斡旋」を禁止する条文を加えるべきでしょう。その際、たとえば「経産省に十年以上勤めた人で、辞めてから十五年以内の人をOBとする」などとOBの定義を広くしておくことがポイント。そういう人は「渡りを含めた天下りを、現役・OB問わず、斡旋してはいけません」と、明確に規制することが望まれます。

一方で、天下りを受け入れる民間企業や公益法人に対しては、「十五年以上官僚だった人を受け入れたら、役員・職員・顧問などどんな役職でも、対価をもらう仕事につけるのなら、その人の名前を公表する」という義務を課します。

そうすると、天下り先の企業も「役人とつるんで悪いことをしているようなイメージをもたれたくない」という気持ちが先に立ち、受け入れに消極的になるでしょう。

そこまでやると、天下りはかなり減らすことができると思います。激しい抵抗に遭うことは目に見えていますが、これくらい思い切ったことをやらなければ、天下りを根絶することはできません。

人事院の衣替えを許すな!

とんだお手盛り機関

内閣の所管の下に置かれた、人事院という第三者機関があります。公務員の人事に関する業務は、ここで行われています。事実上、公務員の給与を決めるのもここなら、前に触れた公務員の定年延長を企んでいるのもここなんですね。

問題は、独立性をもった第三者機関だといいながら、実はそうなっていない点にあります。

トップに三人の人事官がいて、総裁はなぜかいつも官僚出身者です。あとの二人は学者やマスコミ関係者など。とくにマスコミ関係者は、必ず一人入ることになっていて、だいたい新聞社の持ち回りでやっています。マスコミの批判を受けにくくするための〝配慮〟だと思われます。

この三人の下に事務局があって、職員は何と全員ふつうの公務員です。とんだお手盛り機関だと思いませんか？　だって、公務員がみんなで公務員の給料や待遇を決めるのですから、自分たちに都合のいいようにしかやらないのは目に見えているではないですか。

その人事院が、私が国家公務員制度改革推進本部事務局にいた二〇〇九年の初めに注目を集めました。それは、人事院が持つ公務員のポスト毎の格付けを行う機能を、内閣官房に新設する「内閣人事・行政管理局」に移すことが盛り込まれた工程表を最終決定する会合が行われたときのこと。麻生太郎総理を本部長とする、国家公務員制度改革推進本部のこの会合を、呼ばれていた谷公士《まさひと》人事院総裁（当時）がボイコットしたのです。

「信じられない。総理が主催する会に役人が出てこないなんてことあるんですかね」とは、当時の甘利明行革担当大臣の記者会見での台詞。谷さんと甘利さんは大バトルを展開し、谷総裁はマスコミにもずいぶん叩かれました。ニュースを見ていた人も多くが、「人事院総裁って、そんなに偉いの?」と思ったのではないでしょうか。

別に偉いわけではありませんが、谷総裁は第三者機関のトップとして、政府から罷《ひ》免《めん》されない特権を利用して、徹底抗戦したんですね。自分たちの都合のいいように公務員の待遇を決められるという既得権を手放したくないがために。霞が関では谷総裁は、「よくぞ、公務員のためにがんばってくれた」と、英雄のように祭り上げられていたようです。

人事院の役人を公務員庁に横滑りさせるな

民主党はその人事院と人事院勧告制度を廃止する法案を国会に提出しました。菅内閣で作成されたこの法案では、警察などを除くほぼすべての公務員に、労働条件を交渉で決める「協約締結権」を付与。労使交渉の政府側窓口として、公務員庁を新設するとしています。

これまでは公務員にストとか団体交渉で協約を結ぶことが認められていなかったため、人事院が第三者機関として、

「組合の言うこともよく聞きましょう。世の中のこともよく調べましょう。いろんな労働条件については、公務員と政府が交渉する代わりに人事院が決めてあげますよ」

というふうにしていました。

それゆえに人事制度改革の大きな壁になっていたわけで、廃止されるのは大きな前進と見えます。

ただし、うまくいくかどうかは、公務員庁をどういう組織にして、どう運営していくかが、非常に大事なポイントになります。

最悪なのは、人事院の官僚をほぼ丸ごと、公務員庁に横滑りさせることです。これをやると、また以前と同じように官僚が公務員の組合と交渉することになりますから、何も変わりません。組合が「公務員の給与を下げるなんて、とんでもない」と言えば、

「たしかに、そうですよねぇ。国民にうまく説得するネタ、ありますか?」みたいな、およそ改革とはかけ離れたことになりかねないのです。

そうならないように、人事院にいた人たちは全員クビ、もしくは他の役所へ異動させるべきです。ちゃんと試験をして、能力のある人だけを新たに採用する。もちろん中核となる人材は民間の人事コンサルティング会社などから優秀な人材を連れて来る、というのがベストです。

その場合、上のポジションに就く人の給与はある程度、ふつうの公務員より高くていいと思います。公務員をチェックする役割を担うわけですから、給与は別体系にするのが当たり前でしょう。ただし、幹部は三年程度の任期制にすることが必要でしょう。いつでも転職できる人事のプロでなければ就任できないようにしておくことで、公務員と癒着して、待遇を守ることしか考えないというようなことを防ぐことができると思います。

公務員庁に限らず、人事全般、ちゃんとやろうと思ったら、お金も手間もかかるものです。けれども、それによって官僚・公務員が国民のために働くことになれば、人件費が十億や二十億増えたとしても、どうってことはありません。兆単位で歳出を減らしたり、画期的な政策により国の経済が発展したり、補って余りある成果が得られると思います。

国民の目が官僚を変える

官僚は『TVタックル』が大嫌い？

一年ほど前から、私はテレビにちょくちょく出るようになりました。最初は『スーパーモーニング』(テレビ朝日)、玉川徹氏のコーナーでした。

出演依頼をいただいて、国家公務員制度改革の話だというので「出ますよ」と言ったところ、経産省の広報室長などが何だかんだ言ってきました。次官や官房長に言われたのでしょう。「本当に出るんですか?」みたいな感じで。ひと悶着あったのは、「肩書きをどうするか」という問題です。

まず、「個人として出るなら、経済産業省大臣官房付はナシにしましょう」となって、私が「でも、単に古賀茂明といっても、視聴者は『誰？』って感じで、変ですよね」と言うと、結局、「席の前に肩書き付きの名前を書いたものを置いたり、テロップで流したりするのはやめてもらいましょう。玉川氏が放送のなかで『この人は経産相大臣官房付ですよ』と紹介するのはやむをえないですよね」というところに落ち着きました。『ビートたけしのTVタックル』（テレビ朝日）に最初に出たときも、その線で出演が認められました。

『TVタックル』のときは、おもしろかったですよ。広報に話を通してもらったところ、担当者は「まさか、出ないですよね。いくら何でも『TVタックル』はありえないでしょ」と言うのです。官僚たちは『TVタックル』が大嫌いなのです。

なぜなら、「行政にいちゃもんをつけておもしろがる低俗番組」という意識があるからです。「こんなにがんばってる自分たちのことを何もわかってないバカな人たちが、好き勝手なことを言って喜んでる歪んだ番組」みたいな受け止め方もしているようです。

彼らにしてみれば、「そんな薄汚れた番組に、どうして官僚ともあろう者が出演するんだ」という感覚でしょう。正直に言えば、私自身も初めは「こういう番組に出てもいいんだろうか」とちょっと迷いました。その意味では、三十年いた霞が関に毒されていた部分があったのかもしれません。

でも、高校時代の友だちなんかに相談すると、みんなが「出ろ、出ろ。いいじゃん。おもしろいじゃん」と言う。彼らが私の背中を押してくれたような気がします。

「経産省のルールですから、出演は認められません」と言われれば、私だって従わざるをえません。でも、官僚はリスクを取りたくない。「誰がテレビに出てはダメだと言ったんだ？　それはどうしてなんだ？」などと問い詰められるのがイヤなのです。それに、「公務員は役所の外で何もしゃべってはいけないのか。言論の自由を侵害するのか」という問題もあります。

私がテレビでしゃべっているのを見ると、「よく役所が黙っているなぁ」と思われるかもしれませんが、裏側ではそんなやりとりがあったわけです。

また、出演した後、霞が関と民主党政権は少なからず動揺したようです。経産省の政務三役の誰かが「アイツをクビにしろ！」と叫んだ、なんて話も聞きました。前の前の次官がわりと話のわかる方で、「大臣、騒がないほうがいいですよ」と収めてくれたらしいのですが。

一度出ちゃった後は、ほとんど何も言われません。きっと、マスコミが常に私をウォッチしてくれるようにもなったので、怖くて何も言えなくなったのでしょう。

官僚たちも「『TVタックル』なんか大嫌いだ」と言いながらも、けっこう見てます。私が出るときは録画して、発言を全部メモに起こして、「何か間違ったことを言ったら、文句をつけてやろう」と虎視眈々としているようです。結局は文句を言う勇気もないらしく、クレームをつけられたことは一度もありません。かといって激励の言葉もなく、たまにノンキャリの方や若手の官僚から、

「古賀さんがいつもテレビでおっしゃっていることは、まさに正論です。これからも発信を続けてください」

といったメールがくる程度でしょうか。課長以上の官僚は沈黙しています。

ともあれ、私がテレビや雑誌に出たり、書籍の原稿を書いたりするのは、「国家公務員制度改革が待ったなしで必要である」ことを広く国民のみなさんに知ってもらう

ためです。言うなれば、多くの国民に、

「何をやってるんだ、霞が関は！　官僚たちは国民のほうを向いて、ちゃんと働け！」

という声をあげて欲しいのです。

国家公務員制度改革を進め、官僚たちを本来あるべき姿に変えるための一番大きな力になるのは、そういう「国民の目」であることを、あらためて認識していただければと思います。

メディアの報道に騙されるな

メディアに出るようになってなおさら、「メディアは最近、ずいぶん保守化してきたなぁ」という思いを強くしています。メディアは公正・中立の立場から報道することを使命としているはずなのに、政府が発表する資料をそのまま書いて、あるいは報道して、暗に擁護していることもしばしばです。

たとえば、新聞。みなさんはおそらく、朝日・毎日・読売は「正しいことを報道している」と思っているかもしれませんが、各紙それぞれ〝色〟があります。同じニュースでも、解釈の仕方が全然違うのです。それが新聞の個性だと言えばそうですが、世論を新聞の都合のいいように誘導しようとしているのではないかと、疑われることさえあります。

問題なのは、記者クラブでしょう。役所の情報の垂《た》れ流し状態です。役所を批判するような記事を書くと、役所から特ダネを教えてもらえないなど、〝村八分〟にされることが理由だと聞きます。ある記者が私の本を取り上げようとして、キャップから「取材がしにくくなるから、古賀の記事なんか書くな」と止められた、なんて話も漏れ聞こえています。

そういった実情があるので、新聞を一紙しか読まないとか、決まったニュース番組しか見ない、といったことをしていると、知らず知らずのうちにそのメディアの〝色〟に染められる危険性が高いと言っていいでしょう。

とくに一部の大手全国紙の役所への傾斜ぶりは目に余るものがあります。前に、「公務員給与を三割減」という見出しを打った新聞の話をしました。あの記事一つ取っても、新聞は霞が関を擁護する記事を書くことと引き換えに、「消費税率引き上げをやるときは、新聞は必需品だから五％に据え置きしてくださいね」という約束をしたのではないかと疑いたくなるほどです。

まぁ、こんなことを言うせいか、某新聞のシンポジウムに「パネリストとして出てください」と呼ばれていたのに、キャンセルされたことがありました。役員会で「古賀を出すな！」となったということを聞きました。

それはさておき、メディアの報道に騙されないためには、批判精神に貫かれたメディアを選ぶことがポイントになります。一番いいのは、複数の新聞を〝横断読み〟することですが、そんな時間はないですからね。本当は、ニュースを比較するサイトを真面目につくって欲しいと思っているのですが。

私が見る限り、週刊誌は思い切ったことが書けるので、ニュースの裏側を知る意味でも一読の価値があります。新聞なら夕刊紙、とくに外部の人が署名で書いている記事のなかには、本当にいい記事があると思います。ただし、玉石混淆《こんこう》なので全部信じるのもいけません。

それと、バカにできないのは、ネットの情報でしょう。大新聞社とかテレビのキー局と違って、ほとんど制約のない媒体がたくさんあるので、意外と正しい情報が得られます。すべてを鵜呑《うの》みにするわけにはいかないながら、ネットで、ある程度支持を集めている媒体は信頼できそうです。私が見ているなかでは、「現代ビジネス」とか「Foresight」なんかがいいと思います。それとネットの動画配信もテレビより質の高いものが増えています。記者会見などもノーカットで流すことも多く、一部を切り取って報道するテレビや新聞よりも真実をそのまま伝えています。

テレビは、自分が出ているからというわけではありませんが、『TVタックル』に代表される〝バラエティ系〟にもオススメできるものがあります。ニュースを見ているだけではわからないことを、わかりやすく教えてもらえます。

ちなみに、私が録画してでも必ず見るようにしているのは、『モーニングバード！』（テレビ朝日）の玉川徹氏のコーナーです。最近、ブログやツイッターの世界でも、「玉川徹のコーナーだけ、見よう」というようなキャンペーンを張っているようですね。ちなみに、東京新聞も冷徹な情報発信で有名な長谷川幸洋論説副主幹を応援するために購読しているという読者が増えているようです。

いずれにせよ、保守化したメディアの情報だけを見ていると、政治家だけではなく国民まで官僚にからめ取られかねません。みなさんにはぜひ、批判精神旺盛なメディアを選び、情報感度を高めていっていただくとともに、そういうメディアを応援してもらいたいと思います。

政治家・官僚のクレーマーたれ

メディアを通して、官僚たちの操る政治の実態が見えてくる。その最大のメリットは、「政治に対してモノ申す」力が身に付くことです。

日本人はガマン強いせいか、これまで政治に対してあまりにも文句を言わな過ぎたきらいがあります。「お上に任せておけば大丈夫」というような妄想にも似た思い込みがあったのです。

しかし、ここまで日本が沈没して、まだ沈黙を守る気持ちになれますか？　いまという時代に一番大切なのは、国民が不満をどんどん政治家にぶつけていくことだと考えています。

こう言うと、「だから、選挙に行きましょう」という話になるのですが、それだけでは十分ではありません。選挙があるのはせいぜい二年に一回程度だし、政党のマニフェストを読んでも違いがわからない。具体的な政策がよく見えないまま、「どの政党にしますか？」と問われて、「うーん、こっち」と選ぶしかないのが実情です。

しかも、政治家たちは必ずしも、マニフェストに掲げたことを確実に実行するとは限らず、「何のために一票を投じたのか」と肩を落とすことも少なくありません。

では、どうすればいいか。政治に対して不満に思っていることを、直接、自分の選挙区の議員に言うのです。

少し前までは、それをやろうとすると、事務所に訪ねていくか、電話をかけるかして、直接のコンタクトを取らなければなりませんでした。でも、いまはメールやツイッター、フェイスブックという手段があります。その意味では、議員との距離が縮まった、ということができます。メールなら、たとえば、

「私は○○に住んでいます。去年、あなたに投票しました。理由はこういうことをや

って欲しかったからです。でも、あなたはこないだ、あの法案に賛成しましたね。おかしいじゃないですか」

といったことを書いて、事務所にガンガン送ればいいのです。

政治家というのは「選挙で当選する」ことに命を賭けていますから、何だかんだ言って国民の声に敏感です。票を数えるわけです。

その際、組織や団体だと、支持を表明してもらえれば、「会員数は何千人だから、投票数が三割として、歩留まりを考えるとこのくらいの票数は固いな」などと計算できます。ところが、「脱官僚だ。政治主導だ」という風が吹いてきた、といった状況だと、「この風に乗れば、人気が上がりそうだな」と思っても、それが具体的に何票になるのか、大雑把な計算もできません。

そういうときに、「今回の海江田大臣の経産省人事はけしからん。退職金なんかカットしてしまえ！」というようなメールが、十通、二十通きたとします。すると、政治家は「同じことを思っている人が十倍、いや百倍くらいいるかもしれない」と考え始めます。国民の声が票と結びつくカタチで見えてくるのです。

それが結果的に、「よし、脱官僚・政治主導を単なる風に終わらせず、目に見えるカタチで成果を上げよう」と政治家の奮起を促すことになるのです。

また、政治のためにお金と時間を使うこともポイントです。千円でいいから、これと思う政治家に献金するのです。政治家は本当は個人献金が欲しい。企業や組合などからお金をもらうと、どうしても変なシガラミができてしまうからです。

献金するときは、やはりメッセージ付きがいいですね。「コーヒー三杯ガマンして千円献金することにしました。これで少しでもがんばってください」なんて書いてあると、政治家はがぜん元気になります。

「百人が献金したって、十万円にしかならないじゃないか」と思うかもしれませんが、金額だけではないのです。千円献金してくれた人は確実に自分に投票してくれる大切な支持者だし、政治家は自分に期待してくれる人がいることを意気に感じるものです。

時間っていうのは何かと言うと、たとえば友だちに「いまの政治、ここがおかしい」とか、「こないだ、あの議員がいいことを言っていた」といったことを書いたメールを送る。できれば、期待する議員の集会に出かけて行く。そういったことに時間を使うことが、政治家に対するメッセージを広げていくことにつながります。たとえ自分の周りの小さな社会のなかであっても、あちこちで同じ動きが起これば、それが力になるのです。

いま言ったのは、希望を託したい政治家に対する行動で、逆に「こんな人はダメだ。議員なんかやって欲しくない」という政治家には、思い切り〝やめろコール〟をぶつけるといいでしょう。そういう人たちがどんどん増えたら、政治家は震え上がります。

なぜ政治家をターゲットにするかと言うと、霞が関を改革するうえでも、それが一番手っ取り早いからです。役所にメールを送っても、官僚たちは「変なことを言ってくるなぁ、みんな」というふうにしか受け取りません。だから、官僚を批判する場合も大臣に訴えて、大臣のほうから「こんなメールがいっぱいきてるぞ。何をやってるんだ、君たちは！」と活を入れてもらうほうが数段効果的です。

ゼロ歳児から選挙権を

最近、「政治にモノ申す」人たちが、少しずつ増えてきているようです。ただ問題は、退職した高齢の方が多いということです。

もちろん、悪いことではないのですが、若い人が何も言わなくて、年寄りばかりが主張するのは健全とは言えません。なぜなら、政治が年寄り向けの政策に偏重していくことが危惧されるからです。

若い層はすでに、高齢者層に人数でかなり負けています。有権者の内、五十代以上が過半数を占めているのです。それだけでも、年寄り向けの政策に偏っていくことが心配されるのに、若者が声をあげなければなおさら歪みが大きくなります。

私がよく若い人たちに言うのは、「忙しいかもしれないけど、あなたたちは若いんだから、お年寄りの三倍のエネルギーで動いたほうがいいよ」ということです。

何も、お年寄りの住みよい社会をつくることが悪いと言いたいのではありません。社会が停滞し、政治が変わらない可能性がある、ということです。若者はそのリスクをよく考えないといけないでしょう。

あと、突飛に思うかもしれませんが、そういった政治の偏重をなくすためには今後、「ゼロ歳児から選挙権を与える」ことを検討する必要がありそうです。もちろん、ゼロ歳児では投票できないので、十八歳もしくは十六歳以下の子どもについては親に代理で投票してもらうカタチになります。

そうすれば、たとえば若い夫婦層を中心に、「子育て支援をやって欲しい」という要望が持ち上がったときに、子どもの人数分だけ声を大きくしてあげられます。

政治家だって、いまは多数派である高齢者層を敵に回すのが怖いから、出てくるのは彼らにウケる政策ばかり。子どもにも選挙権を与えることによって、若い層に向けた政策ももう少し手厚くできるようになるのではないでしょうか。

官僚の「公僕意識」の復活が日本再生の鍵を握る

最後に言っておきたいのは、官僚たちが「自分は公僕である」という意識を取り戻すことが何よりも大事だということです。

官僚論になると、最後は「結局、仕組みをどう変えるかよりも、官僚一人ひとりの心構えにかかってるんだよねぇ」となってしまいがちです。

しかし、順番が逆だと思うのです。「官僚は優秀で立派な人物である」という前提で作られた旧来の仕組みを変えるのが先で、それによって官僚一人ひとりの心構え、言い換えれば「公僕」たる自覚を半ば強制的に持たせることが必要なのです。

なぜなら、いまの官僚は優秀でも立派でもなく、ふつうの人たちだからです。本書では、その観点から、国家公務員制度をどう改革すればいいのかを述べてきました。

では、公僕とは何でしょうか。公僕、それは市民、国民のしもべ（召使い）という意味ですが、決して官僚をさげすむ言葉ではありませんし、官僚の側が自らを卑下《ひげ》して使う言葉でもありません。それは、いざというときに自分の利益ではなく、公の利益を優先できる、そのために自己犠牲を払える、そういう尊い心の持ち主だという意味なのです。そして、そのことを誇りとし、喜びと感じながら働くのが、公僕たる官僚なのです。

もっと言えば、「霞が関にいます」「個室があります」「秘書がいます」「高級車を自由に使えます」といったことを誇りにするのではなく、

「私はいざとなったら、自分の命を投げ出す覚悟で、国民のために働きます」

ということを誇りにできる人間こそが、官僚にならなくてはいけないのです。こんなことを言うと、「随分時代がかったことを言うなぁ」とか、「命を賭けるなんて言うのはかえって軽いよね」などと思われる方もいるかもしれません。しかし、東日本大震災の時には、多くの公務員が本当に市民のために身命をなげうって、その使命を果たそうとした姿を皆さん目にされたではありませんか。いざとなれば、自分の体がそう動くだろうか、官僚ならばいつもそう自問して欲しいものではありませんか。しかしいまの仕組みのままでは、そういう考えを持つことができるはずの人までも、役所の利益のために働かざるを得なくなっているのです。

私が本書で提案してきたことは、煎《せん》じ詰めれば、官僚の「公僕精神」を復活させるための仕組みづくりです。国家公務員制度改革が実現し、その新しい仕組みのなかで官僚たちが「公僕精神」を取り戻したとき、必ずや日本には再生の道が開けてくると確信しています。

国民のみなさんもどうか、政治家のお尻を叩いて、国家公務員制度改革を進めさせてください。すべては日本のため、私たち国民のためなのです。

古賀茂明（こがしげあき）

1955年、長崎県生まれ。2011年9月、経済産業省大臣官房付のまま退職。1980年、東京大学法学部を卒業後、通商産業省（現・経済産業省）に入省。産業再生機構執行役員、経済産業政策課長などを歴任。2008年、国家公務員制度改革推進本部事務局審議官に就任し、急進的な改革案を提議するも、09年末に解任される。その後も、改革派官僚として発言し続け、退職勧奨を受ける。著書に『日本中枢の崩壊』（講談社）、『官僚の責任』（PHP新書）などがある。

官僚《かんりょう》を国民《こくみん》のために働《はたら》かせる法《ほう》

2011年11月20日初版1刷発行
2011年11月30日　2刷発行

著　者 ― 古賀茂明
発行者 ― 丸山弘順
装　幀 ― アラン・チャン
印刷所 ― 萩原印刷
製本所 ― ナショナル製本
発行所 ― 株式会社光文社
東京都文京区音羽1-16-6(〒112-8011)
http://www.kobunsha.com/
電　話 ― 編集部03(5395)8289　書籍販売部03(5395)8113
業務部03(5395)8125
メール ― sinsyo@kobunsha.com

Ⓡ本書の全部または一部を無断で複写複製(コピー)することは、著作権法上での例外を除き、禁じられています。本書からの複写を希望される場合は、日本複写権センター(03-3401-2382)にご連絡ください。
また、本書の電子化は私的使用に限り、著作権法上認められています。ただし代行業者等の第三者による電子データ化及び電子書籍化は、いかなる場合も認められておりません。

落丁本・乱丁本は業務部へご連絡くだされば、お取替えいたします。
© Shigeaki Koga 2011 Printed in Japan ISBN 978-4-334-03650-8

518
検証　東日本大震災の流言・デマ
荻上チキ

流言やデマはどのように生まれ、どのように広がるのか? また、真偽を確認するにはどうすればいいのか? そのメカニズムを解説し、ダマされない・広めないノウハウを伝授。

978-4-334-03621-8

519
脳《ブレイン》バンク　精神疾患の謎を解くために
加藤忠史&ブレインバンク委員会 編

統合失調症、うつ病、双極性障害、依存症を根本から治すには? 精神疾患における最先端の研究事例を紹介し、乗り越えるべき最後の壁——脳を直接調べることの必要性を解く。

978-4-334-03622-5

520
旨い定食 途中下車
今柊二

鉄道にぼんやり乗って、別の街にご飯を食べに行く。そんな一瞬一瞬こそ、人生で最高の幸せだ。食べて感謝、心遣いに感謝。「定食マエストロ」による「定食×鉄道」痛快エッセイ。

978-4-334-03623-2

521
風評被害
そのメカニズムを考える

関谷直也

'54年の第五福龍丸被爆事件に始まる日本の風評被害。何が原因なのか、どういう具合に広がっていくのか、どうすれば収まるのか。東日本大震災のケースも含めて、多角的に論じる。

978-4-334-03624-9

522
「意識の量」を増やせ!
齋藤孝

悩む前に、意識を増やしてまわりに向けてみよう。「ここがダメだったんだ」と気づくはず。生きていくための「社会力」「仕事力」を身につける意識増量トレーニングを紹介。

978-4-334-03625-6

光文社新書

523
孫正義　リーダーのための意思決定の極意
ソフトバンクアカデミア特別講義
経営の現場で実際にあった状況を元にした三〇の質問に答え、孫正義氏のリーダーとしての意思決定プロセスを学ぶ。また、意思決定の背後にある「孫の二乗の兵法」も孫氏自ら解説。
978-4-334-03626-3

524
出世するなら会社法
佐藤孝幸
役員報酬の決まり方、敵対的買収の防衛策、倒産後の手続きなど、話題のテーマは全て会社法に関係する。条文暗記は不要、これ一冊で要点がつかめ、デキる人たちへの仲間入り！
978-4-334-03627-0

525
1秒もムダに生きない
時間の上手な使い方
岩田健太郎
なぜ岩田先生は、超多忙でもテンパらないのですか⁈――注目の医師が教える「本当の意味で時間を上手に使うための考え方」とは。限りある時間を削り取り、慈しみながら生きるコツ。
978-4-334-03628-7

526
政治学
新書で大学の教養科目をモノにする
浅羽通明
かつての公務員試験対策の名テキストが、新書で復活！〝流れ〟で学べる構成で、理解のキモとなる要点をコンパクトに整理。これ一冊で一般教養レベルの知識が身につく！
978-4-334-03629-4

527
経営戦略の教科書
遠藤功
早稲田大学ビジネススクール学生満足度№1の白熱講義を初公開！　日産、コマツ、アサヒビール、セコムなど生きた事例を紹介しつつ「経営戦略とは生き物」との主張を展開する。
978-4-334-03630-0

528
会話は「最初のひと言」が9割
向谷匡史

会話において最も重要なのは、優れた話術でも笑いのネタでもなく、的を射た「最初のひと言」だ！ 各界のトップたちに取材を続けてきた著者が〝最強のひと言〟を伝授する。

978-4-334-03631-7

529
精神医療に葬られた人びと
潜入ルポ　社会的入院
織田淳太郎

ノンフィクション作家である著者が、ある精神科病院の「長期療養型」病棟への入院体験をもとに、二十万人とも言われる「社会的入院」の内実を初めて明るみに出す。

978-4-334-03632-4

530
ニッポンの国境
西牟田靖

近年、諸外国との間で続く「領土問題」が日本の新たなリスクとなりつつある。北方領土、竹島、尖閣諸島で何が起きているのか。貴重な現地ルポを交え、その原因と真相に迫る。

978-4-334-03633-1

531
ジャズと言えばピアノトリオ
杉田宏樹

ピアノ・ベース・ドラムスからなるピアノトリオは、まさに「最小のオーケストラ」。本書は、そんなピアノトリオの魅力と聴く醍醐味を、著者おすすめのCDとともに紹介する。

978-4-334-03634-8

532
公務員試験のカラクリ
大原瞠《みはる》

試験の難しさと独特のクセから特別な対策が必要で、一般の「シューカツ」とは両立しえない公務員試験の世界を解説。長年受験指導をしてきた著者独自の試験突破のコツも紹介。

978-4-334-03635-5

533
人は上司になるとバカになる
菊原智明

なぜ優秀な先輩、気さくな先輩が、昇進したとたんにイヤな上司に変貌するのか？ その秘密を、彼らへの対処法と共に解き明かす。東レ経営研究所特別顧問・佐々木常夫氏推薦！

978-4-334-03636-2

534
内科医が教える
放射能に負けない体の作り方
土井里紗

放射性物質による低線量被曝、内部被曝の影響をできるだけ少なくするには…？ 食事法、栄養療法、生活習慣、デトックス法など、日常的に実践可能な具体的対策を紹介する。

978-4-334-03637-9

535
ふしぎなふしぎな子どもの物語
ひこ・田中

テレビゲームから、テレビヒーローもの、アニメ、マンガ、児童文学まで、「子どもの物語」を串刺しにして読み解く試み。そこから見えてきた「子どもの物語」の変化とは？

978-4-334-03638-6

536
世界最高のピアニスト
許光俊

心を動かす演奏って何？ 美しい音って何？ まずは聴いてみよう。20世紀以降の名ピアニストたちの演奏を、感じ、悦び、楽しむためのクラシック案内。名演CDリストつき。

978-4-334-03639-3

537
専門医が教える
がんで死なない生き方
中川恵一

Dr.中川が〝がんは遺伝〟〝がん家系〟といった誤解を解き、予防法から治療まで徹底解説。多くの専門医からのアドバイスや放射線の疑問に答えるコラムも充実。〝使える〟一冊。

978-4-334-03640-9

538
「銅メダル英語」をめざせ！
発想を変えれば今すぐ話せる
林則行
英語の成績最下位の著者がトップになり、MBA留学を成功させ、世界で活躍する国際金融マンになった最短・最速の実践的上達法を大公開。本邦初、英語嫌いが書いた英語の本。
978-4-334-03641-6

539
宇宙のダークエネルギー
「未知なる力」の謎を解く
土居守　松原隆彦
宇宙の真の姿とは？　最新の宇宙論と天文学が問いかける謎が、いま、大きな注目を集めている。宇宙とは、いかなる存在なのか——。理論と観測の両面から迫る、刺激的な一冊。
978-4-334-03642-3

540
愛着障害
子ども時代を引きずる人々
岡田尊司
いま多くの人が、愛着の問題を抱えている！　人格形成の土台ともいうべき「愛着」を軸に、生きづらさやうつ、依存症などの問題を克服するうえで、新しい知見を提供する。
978-4-334-03643-0

541
もうダマされないための「科学」講義
菊池誠　松永和紀
伊勢田哲治　平川秀幸
飯田泰之＋SYNODOS編
科学とはなにか？　科学と科学でないものの間は？　科学を上手に使うには？——学校が教えてくれない、科学的な考え方を、稀代の論客たちが講義形式でわかりやすく解説。
978-4-334-03644-7

542
統計・確率思考で世の中のカラクリが分かる
髙橋洋一
「統計数字はウソをつかないが、それを使う人はよくウソをつく」——正しいデータ解析方法や統計のウソを見破る方法を解説。天才・タカハシ先生の問題解決ツールを伝授！
978-4-334-03645-4

光文社新書

543
まじめの罠
勝間和代
「まじめ」を疑ってみませんか？ いま、日本社会がこの罠にハマっていると考えると、いろいろな謎を解くことができます。「脱・まじめ」の上手な方法と、そのご利益。
978-4-334-03646-1

544
上野先生、勝手に死なれちゃ困ります
僕らの介護不安に答えてください
上野千鶴子
古市憲寿
『おひとりさまの老後』を残し、東大を退職した上野千鶴子に残された教え子・古市憲寿が待ったをかける。親子の年齢差の2人の対話をきっかけに若者の将来、この国の老後を考える。
978-4-334-03647-8

545
手塚治虫クロニクル 1946〜1967
手塚治虫
'46年のデビューから'67年までの傑作選上巻。「鉄腕アトム」「ジャングル大帝」など代表作とともに若き日の初々しい作品が味わえる。'68年以降の下巻に続く。
978-4-334-03648-5

546
個人美術館の愉しみ
赤瀬川原平
個人美術館とは、一人の作家だけの美術館と、一人のコレクターによって作り上げられた美術館のこと。日本全国にある、魅力ある個人美術館を厳選。赤瀬川さんが紡ぐ46の物語。
978-4-334-03649-2

547
官僚を国民のために働かせる法
古賀茂明
官僚よ、省益ばかり優先したり、天下りポストの確保に奔走せずに今こそ「公僕意識」を取り戻せ！——霞が関を去った改革派官僚の旗手が満を持して立言する、日本再生の真の処方箋。
978-4-334-03650-8

548
男の一日一作法
小笠原敬承斎

相手を思う気持ちを先（遠く）へ先へと馳せることで、おのずとふるまいは美しくなる。この「遠慮」のこころを、訪問、食事、冠婚葬祭、服装、行動など、日常の作法を通して身につける。

978-4-334-03651-5

549
泣きたくないなら労働法
佐藤広一

働く人を守る法律・労働法には、知って得する情報が詰まっています。経営者も、労働者も、不安な時代に泣き寝入りしないための、ポイントを押さえたコンパクトな労働法入門。

978-4-334-03652-2

550
1勝100敗！あるキャリア官僚の転職記
大学教授公募の裏側

中野雅至

倍率数百倍の公募突破に必要なのは、コネ？　実力？　それとも運？　本邦初、大学教員公募の実態をセキララに描く。非東大卒キャリア官僚による、トホホ公募奮戦記。

978-4-334-03653-9

551
手塚治虫クロニクル 1968〜1989
手塚治虫

'68年〜'89年の傑作選〝下巻〟。「ブラック・ジャック」「アドルフに告ぐ」や、絶筆となった「ルードウィヒ・B」を収録した豪華な一冊。上巻と合わせてテヅカがまる分かり！

978-4-334-03654-6

552
エリック・クラプトン
大友博

英国生まれの白人でありながらブルースを追い求め、多くの名作を残してきたクラプトン。長年取材を重ねてきた著者が、伝説のギタリストの実像と、その音楽世界の魅力に迫る。

978-4-334-03655-3